教育部　财政部职业院校教师素质提高计划成果系列丛书
教育部　财政部职业院校教师素质提高计划职教师资开发项目
《财务管理》专业职教师资培养资源开发（VTNE075）（负责人：贾圣武）

财务管理专业教学论

贾圣武　翟龙珍　主编

科学出版社
北　京

内 容 简 介

本书是教育部《职教师资财务管理专业培养资源开发项目》的成果之一，是为了满足职业教育师资财务管理类专业人才培养教学需要而编写的。全书从绪论、财务管理类专业教师专业与行业认知、中等职业学校财务管理类专业教育概况、中等职业学校财务管理类专业教学模式、中等职业学校财务管理类专业教学设计、中等职业学校财务管理类专业教学方法、中等职业学校财务管理类专业教学方法举例、中等职业学校财务管理类专业教学评价八个方面，系统阐述了中等职业学校教师从事专业教学工作的环境、方法与基本程序。

本书可以作为职业教育师资财务管理类专业学生的专业教材，也可以作为中等职业学校在职教师和相关人士进行职业学习与进修的参考用书。

图书在版编目（CIP）数据

财务管理专业教学论 / 贾圣武，翟龙珍主编. —北京：科学出版社，2017
ISBN 978-7-03-049874-8

Ⅰ.①财⋯ Ⅱ.①贾⋯ ②翟⋯ Ⅲ.①财务管理-教学研究-中等专业学校 Ⅳ.①F275

中国版本图书馆 CIP 数据核字（2016）第 216649 号

责任编辑：方小丽 / 责任校对：徐榕榕
责任印制：赵 博 / 封面设计：蓝正设计

科学出版社 出版
北京东黄城根北街 16 号
邮政编码：100717
http://www.sciencep.com

固安县铭成印刷有限公司 印刷
科学出版社发行 各地新华书店经销

*

2017 年 1 月第 一 版　开本：787×1092　1/16
2024 年 1 月第二次印刷　印张：9 1/4
字数：220 000

定价：45.00 元
（如有印装质量问题，我社负责调换）

教育部　财政部职业院校教师素质提高计划
职教师资培养资源开发项目专家指导委员会

主　任：刘来泉

副主任：王宪成　郭春鸣

成　员：（按姓氏笔画排列）

刁哲军　王继平　王乐夫　邓泽民　石伟平　卢双盈　汤生玲
米　靖　刘正安　刘君义　孟庆国　沈　希　李仲阳　李栋学
李梦卿　吴全全　张元利　张建荣　周泽扬　姜大源　郭杰忠
夏金星　徐　流　徐　朔　曹　晔　崔世钢　韩亚兰

出 版 说 明

　　《国家中长期教育改革和发展规划纲要（2010—2020年）》颁布实施以来，我国职业教育进入到加快构建现代职业教育体系、全面提高技能型人才培养质量的新阶段。加快发展现代职业教育，实现职业教育改革发展新跨越，对职业学校"双师型"教师队伍建设提出了更高的要求。为此，教育部明确提出，要以推动教师专业化为引领，以加强"双师型"教师队伍建设为重点，以创新制度和机制为动力，以完善培养培训体系为保障，以实施素质提高计划为抓手，统筹规划，突出重点，改革创新，狠抓落实，切实提升职业院校教师队伍整体素质和建设水平，加快建成一支师德高尚、素质优良、技艺精湛、结构合理、专兼结合的高素质专业化的"双师型"教师队伍，为建设具有中国特色、世界水平的现代职业教育体系提供强有力的师资保障。

　　目前，我国共有60余所高校正在开展职教师资培养，但由于教师培养标准的缺失和培养课程资源的匮乏，制约了"双师型"教师培养质量的提高。为完善教师培养标准和课程体系，教育部、财政部在"职业院校教师素质提高计划"框架内专门设置了职教师资培养资源开发项目，中央财政划拨1.5亿元，系统开发用于本科专业职教师资培养标准、培养方案、核心课程和特色教材等系列资源。其中，包括88个专业项目，12个资格考试制度开发等公共项目。该项目由42家开设职业技术师范专业的高等学校牵头，组织近千家科研院所、职业学校、行业企业共同研发，一大批专家学者、优秀校长、一线教师、企业工程技术人员参与其中。

　　经过三年的努力，培养资源开发项目取得了丰硕成果。一是开发了中等职业学校88个专业（类）职教师资本科培养资源项目，内容包括专业教师标准、专业教师培养标准、评价方案，以及一系列专业课程大纲、主干课程教材及数字化资源；二是取得了6项公共基础研究成果，内容包括职教师资培养模式、国际职教师资培养、教育理论课程、质量保障体系、教学资源中心建设和学习平台开发等；三是完成了18个专业大类职教师资资格标准及认证考试标准开发。上述成果，共计800多本正式出版物。总体来说，培养资源开发项目实现了高效益：形成了一大批资源，填补了相关标准和资源的空白；凝聚了一支研发队伍，强化了教师培养的"校—企—校"协同；引领了一批高校的教学改革，带动了"双师型"教师的专业化培养。职教师资培养资源开发项目是支撑专业化培养的一项系统化、基础性工程，是加强职教教师培养培训一体化建设的关键环节，也是对职教师资培养培训基地教师专业化培养实践、教师教育研究能力的系统检阅。

自 2013 年项目立项开题以来，各项目承担单位、项目负责人及全体开发人员做了大量深入细致的工作，结合职教教师培养实践，研发出很多填补空白、体现科学性和前瞻性的成果，有力推进了"双师型"教师专门化培养向更深层次发展。同时，专家指导委员会的各位专家以及项目管理办公室的各位同志，克服了许多困难，按照两部对项目开发工作的总体要求，为实施项目管理、研发、检查等投入了大量时间和心血，也为各个项目提供了专业的咨询和指导，有力地保障了项目实施和成果质量。在此，我们一并表示衷心的感谢。

教育部　财政部职业院校教师素质提高计划成果系列丛书编写委员会
2016 年 3 月

序　言

为贯彻落实全国教育工作会议和《国家中长期教育改革和发展规划纲要（2010—2020年）》精神，加快推进我国职业教育发展，加强中等职业学校"双师型"教师队伍建设，深化人才培养模式与课程改革，2011年教育部、财政部联合下发的《关于实施职业院校教师素质提高计划的意见》（教职成〔2011〕14号）中指出，2012~2015年，支持职教师资培养工作基础好、具有相关学科优势的本科层次国家级职业教育师资基地等有关机构，牵头组织职业院校、行业企业等方面的研究力量，共同开发100个职教师资本科专业的培养标准、培养方案、核心课程和特色教材，加强职教师资培养体系的内涵建设。作为全国职教师资培养基地，河北科技师范学院承担了"《财务管理》专业职教师资培养标准、培养方案、核心课程和特色教材开发"（简称"财务管理专业职教师资培养资源开发"）项目（项目编号为VTNE075；负责人为贾圣武）。

《财务管理专业教学论》作为职业教育师资财务管理本科专业核心教材开发的教材之一，是研究项目资源开发的重要组成部分。为了完成这项任务，由职业教育师资培养学校的专业教师和中等职业学校的骨干教师共同组成了教材编写团队。经过编者辛勤的工作和不懈的努力，这本教材如期完成。

本书第一章初稿由贾圣武、郑广娟编写，第二章初稿由李新霞、靳颖丽编写，第三章初稿由周红娥、李鹏、靳颖丽编写，第四章初稿由王艳荣、李改苹编写，第五章初稿由翟龙珍、陈宪光编写，第六章、第七章初稿由刘亚荣、田秀珍、谢蕃蔚、张春杰、李改苹、王连辉、魏妙、张哲薇、周换领编写，第八章初稿由单建菊、穆小英、梁俊凤编写。在上述初稿的基础上，翟龙珍、刘亚荣、周红娥对全书的布局、内容进行了细致的修改与完善，最后由贾圣武修改定稿。

由于专业教学论的编写对于编者来说属于首次，没有更多的经验，加上对教材可能理解不到位，教材的不足在所难免，恳请同行专家和读者批评指正。

编者
2016年7月21日

目 录

第一章 绪论……………………………………………………………………………1

第二章 财务管理类专业教师专业与行业认知……………………………………4
  第一节 财务管理行业现状与发展趋势…………………………………………4
  第二节 中等职业学校财务管理类专业教师工作………………………………8
  第三节 中等职业学校财务管理类专业教师标准………………………………10

第三章 中等职业学校财务管理类专业教育概况…………………………………17
  第一节 中等职业学校财务管理类专业人才培养现状…………………………17
  第二节 中等职业学校财务管理类专业人才培养标准…………………………20
  第三节 中等职业学校财务管理专业教学内容…………………………………22

第四章 中等职业学校财务管理类专业教学模式…………………………………27
  第一节 教学模式概述……………………………………………………………27
  第二节 混合学习教学模式………………………………………………………34
  第三节 杜郎口教学模式…………………………………………………………44
  第四节 理实一体化教学模式……………………………………………………50

第五章 中等职业学校财务管理类专业教学设计…………………………………55
  第一节 教学目标设计……………………………………………………………56
  第二节 教学任务设计……………………………………………………………60
  第三节 教学环境设计……………………………………………………………64
  第四节 教学方法设计……………………………………………………………71
  第五节 教学媒体设计……………………………………………………………74

第六章 中等职业学校财务管理类专业教学方法…………………………………77
  第一节 情境教学法………………………………………………………………78
  第二节 项目教学法………………………………………………………………81

第三节　角色扮演教学法 ·· 83
　　第四节　思维导图教学法 ·· 85
　　第五节　案例教学法 ·· 88
　　第六节　任务驱动教学法 ·· 90
　　第七节　探究教学法 ·· 92
　　第八节　模拟教学法 ·· 96
　　第九节　四阶段教学法 ··· 99

第七章　中等职业学校财务管理类专业教学方法举例 ······································ 102
　　第一节　情境教学法案例 ·· 102
　　第二节　项目教学法案例 ·· 104
　　第三节　角色扮演教学法案例 ·· 106
　　第四节　思维导图教学法案例 ·· 108
　　第五节　案例教学法案例 ·· 111
　　第六节　任务驱动教学法案例 ·· 113
　　第七节　探究教学法案例 ·· 115
　　第八节　各种教学方法的综合运用案例 ·· 117

第八章　中等职业学校财务管理类专业教学评价 ·· 121
　　第一节　中等职业学校财务管理类专业教学评价标准 ···································· 121
　　第二节　中等职业学校财务管理类专业教学评价指标 ···································· 127
　　第三节　中等职业学校财务管理类专业教学评价方法 ···································· 135

参考文献 ·· 138

第一章 绪 论

教学是教师"教"和学生"学"相统一的活动，教师的"教"和学生的"学"是活动的两个不同侧面，双方彼此相依，相辅相成，有机结合，辩证统一。在教学过程中，教师主导着教学活动的方向和性质，学生则是学习活动的主人。在中等职业学校的教学活动中，既不能以任何形式削弱教师的主导作用，也不能以任何借口剥夺学生的主体地位，只有充分调动教师和学生两个方面的积极性，才能保证教学活动的顺利进行，促进学生的健康成长。

作为职业教育的专业课教师，与普通教育教师的教学有很大的区别。相对于普通教育教师在某个教学科目所涉及的学科领域的学科教学，职业教育的"专业"领域与其有着很大区别。在普通教育中"学科"所对应的教学科目比较单一、固定。例如，"物理教学论"，它所对应的是中学物理课教学及其学科内容。而在职业教育中，"专业"所对应的教学科目通常涵盖若干技术课程，涉及不同的技术学科。例如，财务管理教学，它所涉及的课程包括基础会计、财务会计、成本会计、管理会计、财务管理、财务报表分析等。显然"专业教学论"应对的是一个专业领域的各相关技术学科的教学，所以其专业范围要比"学科"范围宽广。与普通学校教师在一个"学科领域"中进行教学相比，职业教育的教师是在一个"包括若干学科的专业领域"中进行的教学。

专业教学论作为职业学校教师的"职业科学"，建立起了中等职业学校教师专业领域与职业领域的联结，并且涉及理论和实践两个方面，它体现了中等职业学校教师的职业的特殊性。从中等职业学校教师的职业要求来看，它既要求教师在专业领域中会做并且知道为什么要这样做（专业理论和专业实践），还要求教师能依照教育教学原则去实施关于这些专业理论和实践的教学（教育理论和教育实践），所以，职业教育的师范教育应该有自己的"专业教学论"。

一般认为，专业教学论是基于某一专业领域（或方向）的关于教与学的理论与实践的一门新兴的交叉学科。财务管理类专业教学论与财经职业岗位或财经职业领域及其行动过程紧密联系，其重点是针对职业教育财务管理类专业领域对职业学校财务管理类专业教学进行的原理或理论的分析与解释。财务管理类专业教学论是联系财务管理类专业科学和教育科学，特别是教学论和财务管理类专业课程之间的桥梁，是财经类职业教育师资相关专业重要的学习内容。

教学论既是一门理论科学，又是一门应用科学，它既要研究教学的一般规律，也要研究这些规律在实际中的运用。现代教学论的研究对象与任务在于探讨教学的本质与有关规律，寻求最优化的教学途径与方法，以达到培养社会所需人才的目的。教学论对教与学活动的研究，通常应包括以下三方面的内容。

（1）研究教与学的关系，即教师与学生在教学双边活动中知识授受之间的关系。探索教与学关系的过程，也就是揭示教学本质、总结教学规律和形成教学理论的过程。

（2）研究教与学的条件，即教学活动所必需的，以及对教学的质量、效率、广度和深度产生影响的各种因素，如教学设施、班级气氛、教学手段、学生的知识经验准备和认知结构、教材、教师的学识和能力等。

（3）研究教与学的操作，即如何将一般的原理和规律运用于教学实践。研究如何更好地根据教学条件设计、组织教学，提高教学效率；研究各种教学方法的适用范围和操作要求，教学设计的程序、方法和基本模式，课堂管理的技术和方法，教学评价工具的编制技术和使用规范，教学环境因素的调控策略等。

财务管理类专业教学论是随着我国职业教育的发展，以职业教育中的财务管理类专业教学为研究对象而产生的。职业教育作为以就业为导向的教育，与普通教育或高等教育相比最大的不同在于其鲜明的职业性。因此，职业教育的专业教学论必须建立在职业属性基础之上。职业教育的专业不是学科性专业，而是对相关职业领域里的职业群或岗位群的从业资格进行高度归纳、概括后形成的一种能力组合。

财务管理类专业教学总是与职业行动过程联系在一起，这就要求财务管理类专业教学论要有自己独特的视野，构建出区别于普通教育或高等教育教学论的职业教育专业教学论体系。

财务管理类专业教学论着眼于加强学生对未来职业与工作环境的了解，如企业的组织管理和设施，企业应用的新知识、新技术，未来的职业发展趋势，企业对不同岗位的要求等，并致力于职业教育的教学条件、前提、目标、内容、形式、方法和媒体的分析与评价。其目的是使培养的职业人才更适合社会的需要。

财务管理类专业教学论应遵循以财务管理专业所对应的典型职业活动的工作能力、工作过程和工作情景为导向的原则，确定其主要任务。

（1）确定应当掌握的专业技术及财务管理类专业学科所必需的知识、思维方式、方法以及教学目的。

（2）掌握财务管理类专业教学内容、教学方法、教学组织等模式，以达到最佳的学习效果。

（3）评价教学计划，持续的检查其是否符合最新的专业科学研究成果以及技术和职业的发展，剔除旧的并增添新的教学内容、教学方法和教学技术。

（4）深化认识专业理论，不断开发跨专业的学习领域，开发与工作过程相关的学习工作任务。

通过财务管理类专业教学论课程的学习，可以提高学生的专业教学能力，具体表现在以下三个方面。

（1）认识或掌握职业学校与财务管理类专业相关的课堂环境、学习内容的教学原理及课堂教学问题分析。

（2）能根据职业学校培养方案要求把财务管理类专业的学习内容融于具体的课堂教学中，同时能选择合适的教学内容及相应的课堂项目形式。

（3）能采用多种不同方法，对学习内容进行灵活有效地整合和利用，包括使用教学媒体和制定课堂教学策略。

第二章 财务管理类专业教师专业与行业认知

学习目标：
1. 熟悉财务管理类行业现状与发展趋势。
2. 熟悉中等职业学校财务管理类专业教师工作现状。
3. 掌握中等职业学校财务管理类专业教师特点。
4. 了解中等职业学校财务管理类专业教师的未来发展。
5. 掌握中等职业学校财务管理专业教师标准。

了解财务管理专业发展现状和趋势，熟悉财务管理类专业的工作现状和工作特点，掌控教师的工作方向和作为一名合格的专业教师的标准，这是即将走上中等职业学校财务管理类专业工作岗位的教师，应该思考的首要问题。

第一节 财务管理行业现状与发展趋势

财务管理是企业管理的一个重要组成部分，它是根据财经法规制度，按照财务管理的原则，组织企业财务活动，处理财务关系的一项经济管理工作。

一、财务管理的产生与发展

财务管理的产生与发展是一个渐进的过程，财务管理的内容也相应地由简单到复杂，由低级到高级不断发展并完善着。财务管理发展的过程，大致可以划分为以下几个阶段。

（一）财务管理的萌芽时期

15世纪末16世纪初，资本主义萌芽，地中海沿岸城市迅速发展，意大利的威尼斯、佛罗伦萨成为欧洲与近东地区之间的贸易中心，跨地区贸易得到迅速发展。随即在这些城市中出现了邀请公众入股的城市商业组织，并开始把向公众筹集的资金用于商业经营，产生了红利的分配和股本的回收，这就是原始的股份制企业。此时企业对资本的需求量不是很大，筹资渠道和筹资方式比较单一，企业的筹资活动依附于商业经营，没有形成独立的财务管理职业，这种情况一直持续到19世纪末20世纪初，被视为财务管理的萌芽时期。

（二）筹资财务管理时期

19世纪末20世纪初，工业革命的成功促进了企业规模的不断扩大，股份公司迅速发展起来，并逐渐成为占主导地位的企业组织形式。尽多尽快地筹措资金以满足生产不断发展的需要成为一项紧迫的任务。于是，一个新的管理部门——财务管理部门诞生了，财务管理开始从企业管理中分离出来，成为一种独立的管理职业，预计资金需要量和筹措公司所需资金为其主要职能。因此，这一时期被称为筹资财务管理时期。

（三）法规财务管理时期

1929年爆发的世界性经济危机和20世纪30年代西方经济整体的不景气，造成众多企业破产，投资者损失严重。为保护投资人利益，西方各国政府加强了证券市场的法制管理。例如，美国1933年和1934年出台了《联邦证券法》和《证券交易法》，对公司证券融资做出严格的法律规定。此时财务管理面临的突出问题是研究和解释金融市场制度与相关法律规定，指导企业按照法律规定的要求，组建和合并公司，发行证券以筹集资本等。因此，这一时期被称为法规财务管理时期。

（四）资产财务管理时期

20世纪50年代，面对激烈的市场竞争和买方市场的出现，单纯依靠扩大融资规模、增加产品产量已无法适应新形势发展的需要，财务管理的主要任务转变为如何解决资金利用效率，此时资金的时间价值被普遍关注，以固定资产投资决策为研究对象的资本预算方法日益成熟，财务管理的重心由重视外部融资转向注重资金在公司内部的合理配置，资产管理成为财务管理的重中之重，因此称之为资产财务管理时期。

（五）投资财务管理时期

第二次世界大战结束以来，科技迅猛发展，产品更新加快，国际市场扩大，跨国公司增多，金融市场繁荣，市场环境更加复杂，投资风险日益增加，企业必须更加注重投资效益，规避投资风险。于是出现了投资组合理论及资本资产定价模型，它不仅将证券定价建立在风险与报酬相互作用的基础上，而且极大改变了公司的资产选择策略和投资策略，被广泛应用于公司的资本预算决策。其结果，导致财务学中原来比较独立的两个领域——投资学和公司财务管理的相互组合，使公司财务管理理论跨入了投资财务管理的新时期。

70年代以后，金融工具的推陈出新使公司与金融市场的联系日益加强。认股权证、金融期货等广泛应用于公司筹资与对外投资活动，推动财务管理日益发展和完善。70年代是西方财务管理走向成熟的时期。

（六）财务管理深化发展的新时期

20世纪70年代末，企业财务管理继续深化发展，80年代诞生了财务管理信息系统，90年代，随着计算机、电子通信和网络技术的迅猛发展，财务管理进入网络财务管理时期，实现了国际化、精确化、电算化、网络化。

二、我国企业财务管理行业现状

我国企业的财务管理也经历了不同的历史发展阶段。新中国成立前，我国处于半殖民地半封建社会，财务管理理论的发展既受到了西方财务管理理论的影响，又有很深的封建社会的传统理财思想的印记。一些大中型企业中设有"财务主管"的职位，有组织的证券市场初步发展，证券交易日益活跃；当时的一批民族资本家提出了一系列新颖的财务管理思想，如郑观应提出的重视经营规划、成本核算和利润分成的见解，张謇提出的"制定预算、以专责成、事有权限"的思想，卢作孚的"无计划勿行动、无预算勿开支"和"预算本为事业中的财务问题之一，但涉及事业的全部财务问题"的主张等。

财务管理与国家的经济体制密切相关。新中国成立后，我国的经济体制发生了两次转变，即由计划经济体制向有计划的商品经济体制转变、有计划的商品经济体制向社会主义市场经济体制转变。财务管理的目标、方式和内容也都发生了重要的变化。计划经济体制下产品的销售由政府行政命令决定，企业管理的基本目标是完成生产任务，追求产量目标，企业管理中主要重视实物管理而忽视财务管理，财务管理的目标只是保证资金的安全，降低资金消耗或成本。有计划的商品经济体制下，从经济改革的扩权让利，改变高度集中的计划经济体制，到政企分开、所有权与经营权的适当分离，企业的财务管理也从原来的成本管理发展到对资产的运营和收入分配的管理，同时财务管理内容中又增加了投资管理与一定程度的筹资管理。在社会主义市场经济体制下，企业改革方向是建立适应市场经济要求的产权明晰、责权明确、政企分开、管理科学的现代企业制度，财务管理的目标开始强调资本投入的利润最大化，财务管理的内容从资产经营转变为资本经营，形成了筹资管理、投资管理、资产运营管理、分配管理的全面的财务管理。随着经济体制的改变，财务管理工作内容和岗位设置也发生了相应的变化。

从目前我国企业财务管理的现状分析，虽然财务管理水平不断提升，但也存在不少的问题，企业内部管理手段、内部控制、财务标准化等方面的水平参差不齐。企业财务管理受传统因素影响，注重物质资本的管理，忽视对知识资本和人力资本的管理，使得知识资本不能得到有效配置，人力资本也无法发挥对企业经济发展的应有作用，且缺少人力资源的考核指标；许多的企业缺乏创新意识，依赖传统财务管理模式，不能适应新的经济发展需求。

随着国内外市场经济发展和竞争，我国经济体制改革不断深入，以财务管理为中心，通过价值形态对企业资金运动进行综合性的管理和评估，成为市场经济发展的客观要求，也是社会主义经济发展的客观必然结果。具体来讲，我国财务管理的发展趋势可以概括为以下几个方面。

第一，工业经济和知识经济并重。

知识经济发展，资本结构变化，物质资本的地位将相对下降，知识资本的地位将上升。财务管理目标将从以前的"股东财富最大化"发展为"企业价值最大化"，即经济效益最大化。这将彻底改变过去重投入，轻产出，忽视经济效益的倾向。以市场为导向来组织生产经营活动，注重市场调查和预测，满足甚至引导消费者的消费需求，促进供产销的协调平衡，以销定产，实现产出大于投入，所得大于所费。同时，企业财务管理的重点应转变到无形资产的管理上来，无形资产将成为企业最主要的投资决策重点。

第二，财务风险管理与财务安全管理并驾齐驱。

财务风险管理与财务安全管理并重，风险投资管理将成为财务管理的重要内容。企业必须采取相应的措施，将财务风险降到最低。企业财务管理首先必须考虑投资的货币时间价值和风险价值，以避免投资的盲目冲动，在各种错综复杂的可行性投资项目中选择最佳方案，事前确保投资项目的最佳预期经济效益。

第三，重视理财环境、理财手段与方法的发展趋势。

理财环境涉及范围广泛，其中最基本、最重要的是法律环境、金融市场环境和经济环境。良好的法律环境，会为企业的合法经营保驾护航。发达的金融市场环境，既为企业提供筹资和投资的场所，便于企业长短期资金相互转化，又为企业理财提供有用信息。经济环境主要包括经济发展状况、政府经济政策、通货膨胀、利率波动、竞争等诸多方面的因素。现在，重视理财环境对财务管理的影响已逐渐成为时尚。

网络财务是以互联网、内部网及电子商务为背景的在线理财活动，理财手段与方法以网络财务为主。网络财务管理可以实现财务与业务的协同管理、在线管理和对电子商务的管理，实现事中的动态会计核算与在线经济资源管理，实现企业对分支机构的远程财务管理、物资管理以及如远程报表、报账、查账、审计等远程控制行为，从而解决一系列目前的财务活动无法解决的问题。在网络财务环境下的远程处理，便于调整企业的财务资源，提高企业的竞争力。

第四，财务管理制度的发展。

财务管理制度作为一种公开的"财务合约"，用来规范企业的激励和约束机制。要提高企业的财务价值，就必须采取灵活多样的激励机制。此外，要对企业的财务、往来合约等的执行情况进行监督，建立健全约束机制。激励与约束相互配合，不可或缺。财务管理制度体系的不断完善，是企业财务管理健康发展的保障。

第五，财务评价机制的发展趋势。

财务管理的评价体系发展主要表现在两方面，一是进一步拓展传统的财务分析指标体系；二是增加对知识资本等无形资产的财务评价比重。

纵观国内外财务管理发展趋势，目前我国财务管理最为迫切的任务包括以下几个方面。

第一，更新我国财务管理观念。

我国财务管理应该做到与时俱进，建立以人为本理念，培养对科学技术的运用观念、对无形资产评估管理的意识、对知识科技价值的正确认识；同时还要提高企业管理的风险意识，综合利用科技手段和科学的管理理念，树立科学的理财观念。在新的经济发展时期，信息技术和国际互联网络技术等时刻改变着财务管理的环境，当前我国财务管理需要重视的方面应该放在信息数据和人力资源的整合与高效利用上。

第二，革新我国财务管理体制。

我国财务管理体制要做到与新的经济形式和环境发展同步。首先，由于当代我国的产业结构已经由以自然资源为主的第一产业、以物质资产为主导的第二产业逐步过渡为以信息和人力资源为主导的第三产业。因此我国财务管理的对象由对有形的劳动力、物质经济资本等的管理过渡为对科技信息、知识数据的管理，在此经济发展阶段中，知识与信息及人力资源就代表着巨大的价值。其次，企业的风险与收益是正相关的，为了更加适应当前的经济形式，我国财务管理必须更加有效地规避风险，建立财务管理中心体系，集中整合企业的会计和统计信息，并全面、深入、客观地分析，不断完善企业的经营管理体系。

第三，创新我国财务管理技术。

在新的经济形势下，新兴科技对经济的影响十分巨大，计算机网络技术一方面以其高效可靠的数字技术、丰富的软件优化了企业对资料、数据的存储、统计分析与管理；另一方面，网络互联共享所带来的大量信息对企业资源的优化配置起到参考或引导的作用。在信息技术飞速发展和信息爆炸的时代，率先掌握有用信息企业才能占得先机。因此财务管理技术也要与时俱进，不断创新。

第二节 中等职业学校财务管理类专业教师工作

中等职业学校财务管理类专业教师主要来源于高等院校财务管理类专业毕业生及校企合作相关企业的有财务管理等工作经验的人员。

一、中等职业学校财务管理类专业教师工作现状

目前我国中等职业学校专业目录中没有设置财务管理专业，因此，财务管理相关专业毕业生到中等职业学校任教，主要从事教学的课程有会计学基础、财务会计、会计电算化、财务管理、管理会计、经济法、统计学基础等相关课程，也有少量教师从事了外语、数学、语文基础课程的教学工作。随着我国各层次教学改革的不断深化，中等职业学校教师的专业素质和教师素养得到了很大的提高，但不可否认，中等职业学校财务管理类专业教学中还有不少需要改进的方面。

（一）教育思想观念仍有待更新

随着国家对中等职业院校的扶持力度加大和国家经济与世界经济的飞速发展，财务

管理类专业知识与技能的更新速度大大提高，新教改的实施与落实，新的教学方式、教学方法的使用都有一个适应与接受的过程，这就要求财务管理类专业教师率先更新教育思想观念，坚持"引进来与走出去"，吸收先进理念，去粗取精，使得财务管理类专业教师的教育思想观念得到提升。

（二）教学物质条件相对匮乏

虽然近几年国家加大对中等职业院校的政策与资金扶持力度，部分中等职业院校的教学条件得到了改善。但是大多数市县级中等职业院校的教学条件依然匮乏，硬件设施不够完善，软件的更新不够及时，特别是偏远地区的学校，条件更加艰苦。

（三）教师自身条件

教师的知识结构、年龄参差不齐，教学方法、教学效果将不一样。有经验的教师往往固守已有的习惯和方法，不善于吸收和更新，而青年教师富有朝气与活力，思想活跃，思维敏捷，便于接受新鲜事物，但由于工作经验不够丰富，不能很好地适应现在的中等职业学校学生出现的种种状况，在管理学生方面难免出现困惑。

（四）教改的落实情况

一些中等职业学校由于学校、教师等方面原因，教改的落实情况有待进一步提升，教学软件、硬件，教学方法，教学手段还保留固有模式，"满堂灌""教师讲、学生听"的现象还大有存在。距《国务院关于大力发展职业教育的决定》中提出的培养"高素质劳动者与高技能专门人才"的要求还有很大的差距。

二、中等职业学校财务管理类专业教师特点

财务管理类专业应用性比较强，除了基本理论的学习外，更多地强调学生技能的培养。因此，财务管理类专业教师工作也有其自身的特点，主要表现在以下几个方面。

（一）"双师型"素质

《国务院关于大力发展职业教育的决定》明确指出，加强"双师型"教师队伍建设。职业院校中实践性较强的专业教师，可按照相应专业技术职务试行条例的规定，申请评定第二个专业技术资格，也可以根据有关规定申请取得相应的职业资格证书。教育部《关于"十一五"期间加强中等职业学校教师队伍建设的意见》提出"双师型"教师队伍建设的具体要求：专业课教师和实习指导教师中持有相关专业技术资格或职业资格的人数应达到50%以上。加强中等职业学校"双师型"教师队伍建设成为当前中等职业教育改革与发展的一项重大课题。

中等职业学校财务管理类专业教师要适应时代发展的需要，根据"双师型"教师培养的要求，提高思想认识，增强自身的专业技能，从而提升专业教学质量。"双师型"教

师应具备的条件包括职业技能资格证书、专业理论教学能力、教师资格证书、专业技术生产能力、相关管理与技术服务能力等。

（二）"实践型"技能

财务管理专业的课程应该是理论联系实际的过程，作为财务管理专业的教师，应该既有丰富的理论知识，又具备一线的实践经验，具备将课本的理论知识迁移到实际工作中去的能力，在实践中检验和提升理论知识，这就要求财务管理专业的教师应该是实践型教师。

三、中等职业学校财务管理类专业教师的能力要求

根据职业教育师资财务管理专业培养资源开发项目组进行的一项调查结果显示，中等职业学校教师应具备的能力要求可以概括为以下几个方面。

（1）基础能力。沟通协调能力、人际交往能力、团队合作能力、压力应对能力、时间掌控能力、逻辑批判思维能力、终身学习能力都很重要，基础能力对一个人的后续发展起着至关重要的作用，职业教育师资更注重综合素质的提高。

（2）专业能力。财务分析、财务预算、财务投资、财务筹资、营运资金管理很重要，利润分配、财务控制、财务协调、财务组织、纳税筹划、业绩评价、会计核算与控制处于很重要的位置。

（3）教师能力。教学能力、专业实践能力很重要，科研能力、管理能力、信息处理能力的重要性也很明显。

（4）个性化培养。中等职业学校教师要更注重差异化培养，强调因材施教。

（5）财务管理专业知识。应当以专业知识够用、实用并兼顾专业知识的系统性为标准，专业教师更强调专业的重要性、系统性和实用性。

（6）需要掌握的信息技术工具。财务软件、Excel、Word、PPT、统计软件分析、网络技术等都必须熟练。

（7）教师素质。中等职业学校教师应具备职业道德素质和业务素质。业务素质涵盖了系统的专业理论与知识、一定的操作技能、一定的财务分析能力和财务软件的熟练运用能力。

第三节　中等职业学校财务管理类专业教师标准

为促进中等职业学校财务管理专业的建设与发展，职业教育师资财务管理专业资源开发项目组在问卷调查和专题调研的基础上，设计了中等职业学校财务管理类专业教师的基本标准。

一、中等职业学校财务管理类专业教师标准的作用

中等职业学校教师专业标准指明中等职业学校教师专业化发展和队伍专业化建设的根本方向，是国家对中等职业学校教师专业素质的基本要求，是中等职业学校合格教师开展教育教学活动的基本规范，是引领中等职业学校教师专业发展的基本准则，是中等职业学校教师培养、准入、培训、考核等工作的基本依据。

二、中等职业学校财务管理类专业教师标准的制定依据

（一）我国确定专业教师标准的基本依据

关于教师专业标准的要求，国家在不同的文献资料中均有体现，2013年9月教育部《中等职业学校教师专业标准（试行）》（教师〔2013〕12号）是制定专业教师标准的重要依据和基础。在"师德为先、学生为本、能力为重、终身学习"基本理念的指导下，中等职业学校教师专业标准从专业理念与师德、专业知识、专业能力三个维度，具体分为职业理解与认识、对学生的态度与行为、教育教学态度与行为、个人修养与行为、教育知识、职业背景知识、课程教学知识、通识性知识、教学设计、教学实施、实训实习组织、班级管理与教育活动、教育教学评价、沟通与合作、教学研究与专业发展15个领域，对中等职业学校教师职业提出了60条基本要求。

（二）国外关于职业教育专业教师标准的相关借鉴

西方国家对于职业教育师资的专业标准一般都有着明确的规定，所包括的内容不尽相同。德国文化教育部2004年12月颁发了德国教师教育新标准的决议，该标准被分成两类，一类是理论性的，另一类是在教师教育阶段应该达成的实践性的标准。新标准提出了教师应该具备的11大能力，这些能力又被归类为教学、教育、评价与创新四大能力领域。同时还给出反映这些能力的具体指标。

英国自20世纪90年代确立了教学专业实践标准，划分出专业品质、专业知识与理解和专业技能三个基本维度。英国学校教育与发展署于2007年5月颁布了修订后的《英国合格教师专业标准与教师职前培训要求》，对教师教学技能的要求分为六部分：①备课；②教学实施；③评价、监控与反馈；④教学反思；⑤学习环境；⑥团队合作。

美国在职业教育师资培养标准方面，有全国性的标准也有地方性的标准。生涯与技术教育教师标准是以优秀生涯与技术教育教师的专业实践为分析对象，专业标准涵盖了四大类共13种专业能力。

获得职业教育教师资格证书是澳大利亚职业教育教师岗位的准入要求，教师需要获得"培训与评价"培训包的证书。2010年5月，"培训与教育"培训包发布，专门对职业教育培训部门的培训师和教师资格进行了针对性的规定，培训包划分了学习设计、培训实施、运行高级学习项目、评价、培训咨询服务、国际教育管理、分析并将持续发展

能力应用到学习项目中的七个职业教育教师核心能力模块。

欧洲职业培训发展中心 2009 年 9 月发布了欧盟《职业教育与培训专业人员的能力结构》，涵盖了欧盟职业教育教师、培训师与职业学校校长三类专业人员的能力标准。包括管理、培训、发展与质量保证、工作关系网构成四个核心领域。

（三）关于中等职业学校财务管理类专业教师标准的调研结果

职业教育师资财务管理专业资源开发项目组通过对财务管理专业职业教育师资培养单位和使用单位的调研，得到了中等职业学校财务管理类专业教师标准制定中的如下启示。

1. 专业教师标准的构成及重要性

对于中等职业学校教师标准中三个维度的重要性程度来看，专业理念与师德占第一位，专业知识和专业能力两项排在了其后，可见专业理念与师德在合格职业教育师资中的重要性。

2. 专业教师知识学习方面

学生学习专业知识应当遵循专业知识的够用、实用的原则，兼顾学科的系统性；应具备的基础知识有社会知识、信息技术知识和人文知识；应具备的专业基础知识主要包括经济学、税法；应具备的专业知识主要包括财务管理、会计知识和财务与会计方面的软件知识；在专业技能教育方面除了职业教育学、心理学和教育技术外，更加关注专业教学法、教育心理学、职业教育理论和教师职业发展的学习。

3. 财务管理专业教师应具备的能力

财务管理专业教师应具备财务分析能力、资金管理能力、财务预算能力、财务投资能力和财务筹资能力以及教师能力、教学能力和专业实践能力。

在中等职业学校教师应具备能力的选择方面更加侧重于实践教学能力和理论教学设计能力以及与企业合作的能力，对于创新能力方面的认可度较少；在基础能力方面，认可度较高的是沟通协调能力、团队合作能力与终身学习能力；在专业能力方面，认可度较高的是财务分析能力、资金管理能力与会计核算能力；在教师能力方面，关注度较高的是教学能力、实践教学能力和信息收集能力；在教学能力方面，比较重要的是专业实践能力、教学实施能力。

4. 教师素质方面

最重要的专业素质方面，涵盖了系统的专业理论与知识、一定的操作技能、一定的财务分析能力和财务软件的熟练运用。

5. 关于专业教育改进方面

专业教育需要改进增加实践教学环节、增加社会锻炼的机会。

三、中等职业学校财务管理类专业教师标准设计的基本理念

（一）师德为先

热爱职业教育事业，具有职业理想、敬业精神和奉献精神，践行社会主义核心价值观，履行教师职业道德规范，依法执教。在教育教学工作中立德树人，教书育人，为人师表，自尊自律，关爱学生，团结协作。以人格魅力、学识魅力、职业魅力教育和感染学生，做学生职业生涯的指导者和健康成长的引路人。

（二）学生为本

遵循学生身心发展规律，以学生发展为本，树立人人皆可成才的职业教育观；培养学生的职业兴趣与学习兴趣，增强学生的自信心，激发学生的主动性和创造性；发挥学生特长，挖掘学生潜质，为每一个学生提供适合的教育环境，提高学生的就业能力、创业能力和终身学习能力；促进学生健康快乐成长，学有所长，全面发展。

（三）能力为重

遵循职业教育规律和技术技能人才成长规律，提升教育教学专业化水平；在教育过程中，把职业教育理论与职业实践相结合、专业理论与专业实践相结合；坚持实践、反思、再实践、再反思，不断提高财务管理能力。

（四）诚信为基

在教育教学工作中培养学生诚实守信的工作理念，教育和引导学生树立遵守财经法纪，严格履行工作程序，廉洁自律，客观公正，坚持准则，强化服务，具备良好的会计职业道德和实事求是、求真务实的职业品质。

（五）终身学习

学习财务管理专业知识与专业技能、职业教育理论与职业技能，学习和吸收国内外先进职业教育理念与经验；深入了解产业发展、行业需求和职业岗位变化，投身岗位实践活动；优化知识结构和能力结构，提高文化素养和职业素养；具有终身学习与持续发展的意识和能力，做终身学习的典范。

四、中等职业学校财务管理类专业教师标准的主要内容

中等职业学校财务管理类专业教师标准，分为四个维度、十六个领域，具体内容如表2-1所示。

表 2-1 中等职业学校财务管理类专业教师标准

维度	领域	基本要求
职业理念与师德	（一）教师职业理解与认识	1. 贯彻党和国家教育方针政策，遵守教育法律法规 2. 理解职业教育工作的意义，把立德树人作为职业教育的根本任务 3. 认同中等职业学校教师的专业性和独特性，注重自身"双师"素质培养
职业理念与师德	（二）对学生的态度与行为	4. 了解学生，与学生进行平等的沟通与交流 5. 关爱学生，重视学生身心健康发展 6. 尊重学生，采用正确的方法引导和教育学生 7. 信任学生，积极创造条件促进学生的自主发展 8. 引导学生，促进学生形成正确的人生观和价值观
职业理念与师德	（三）教育教学态度与行为	9. 爱岗敬业，全面履行教师职责 10. 遵循职业教育规律，知识、技能与品德教育相结合 11. 营造勇于探索、积极实践、敢于创新的氛围，促进学生的全面发展 12. 树立终身学习理念，引导学生养成良好的学习习惯 13. 开展诚信教育，培养学生良好的职业道德与职业品质
职业理念与师德	（四）个人素养与行为	14. 具备必要的科学、文化、艺术修养及较好的语言表达能力 15. 具有较好的交流、沟通能力与合作能力 16. 诚实守信、乐观向上、乐于助人，富有爱心和责任心 17. 善于自我调节，保持平和心态 18. 坚持实践导向，身体力行，做中教，做中学
职业教育知识与能力	（五）教育知识	19. 熟悉职业教育的基础理论、基本知识与基本方法 20. 了解学生思想品德和职业道德形成的过程及其教育方法 21. 熟悉中等职业学校学生身心发展规律及专业人才成长特点，掌握相关教育方法
职业教育知识与能力	（六）班级管理	22. 掌握学生集体活动特点和组织管理方式，能够有效地实施学生行为管理 23. 发挥共青团和学生组织作用，组织开展有益的教育活动 24. 掌握多元化的评价方法，多视角、全过程评价学生
职业教育知识与能力	（七）学生指导	25. 注重学生思想品德和职业道德养成，积极开展育人活动 26. 掌握心理咨询与心理辅导的基本知识，为学生提供学习和生活方面的心理疏导 27. 了解行业及专业特点与需求，为学生提供必要的职业生涯规划与就业创业指导
专业知识与能力	（八）学科专业基础知识与能力	28. 了解所教专业与相关职业的关系及相应的职业资格与标准 29. 掌握学生专业学习认知特点和技术技能形成的过程及特点 30. 熟悉经济学、管理学、财经法规、统计学方面的基本理论与知识
专业知识与能力	（九）从事专业的知识与能力	31. 掌握会计核算的原理与方法，能够熟练开展会计核算 32. 掌握财务管理的原理与方法，熟悉企业财务管理流程 33. 掌握财务数据分析的原理与方法，具有财务预测与财务决策的能力 34. 掌握金融市场的基本知识和基本规律，具有对金融产品的分析运作能力 35. 掌握公司治理和内部控制的基本知识与方法，具有风险管理的基本能力 36. 掌握企业资产评估、项目评估和审计的理论知识和基本能力
专业知识与能力	（十）行业企业实践能力	37. 了解企业财务管理相关工作岗位的职责，具有企业经营环境的认知能力 38. 具有会计要素的确认、计量、记录和报告等日常会计业务的处理能力 39. 具有开展成本核算、成本控制与全面预算管理的能力 40. 具有开展营运资本管理及投融资的能力 41. 具有编制利润分配方案并实施的能力 42. 具有开展纳税筹划的能力
专业知识与能力	（十一）职业岗位操作能力	43. 具有指导学生开展会计核算的模拟实训和顶岗实习的能力 44. 具有指导学生进行企业预算编制的能力 45. 具有指导学生进行企业成本核算和编制相关成本报表的能力 46. 具有指导学生开展筹资、投资以及营运资本决策的能力 47. 具有指导学生根据企业的经营目标拟定利润分配方案的能力 48. 具有指导学生完成企业税务处理的能力

续表

维度	领域	基本要求
专业教学能力	（十二）课程教学知识	49. 熟悉课堂教育教学规律，熟练开展课程教学活动 50. 熟悉教学大纲、教学计划、教案等教学文档之间的关系，熟练制作教学文档 51. 掌握理论教学和实践教学各环节的基本理论和基本方法
	（十三）专业教学设计	52. 了解所教专业培养目标、课程体系及课程标准，合理设计所教课程的教学内容 53. 根据课程特点选择恰当的教学方法与合适的教材，设计课程教学计划 54. 基于财务管理岗位工作过程和能力标准，合理设计教学方案
	（十四）专业教学实施	55. 解读课程、分析学情、因材施教，提高学生兴趣，培育学习热情 56. 灵活运用以岗带学、以练促学、工学结合等形式，有效实施教学 57. 利用各种教学方法有效地调控教学过程 58. 指导学生参加企业实践，满足岗位技术要求
	（十五）专业教学评价	59. 结合专业和课程特点，选择课程的考核方式和评价方法 60. 搜集课堂和单元教学信息，设计教学评价方法体系 61. 依据学生情感、态度和反应的变化，评价教学活动 62. 根据教学任务，设计教学过程和教学效果评价标准
	（十六）教学研究与专业发展	63. 主动收集分析毕业生就业信息和用人单位需求信息，反思和改进教育教学工作 64. 针对教育教学工作中的现实需要与问题，开展教学研究与教学改革 65. 结合专业发展需要，制定个人专业发展规划 66. 通过参加专业培训和企业实践等多种途径，不断提高自身专业素质

五、中等职业学校财务管理类专业教师标准的实施要求

（一）各级教育行政部门要将本标准作为中等职业学校财务管理类专业教师队伍建设的基本依据

根据中等职业学校教育改革发展的需要，充分发挥《专业教师标准》的引领和导向作用，深化教师教育改革，建立教师教育质量保障体系，不断提高教师培养培训质量。制定中等职业学校教师准入标准，严把教师入口关；制定中等职业学校教师聘任（聘用）、考核、退出等管理制度，保障教师合法权益，形成科学有效的教师队伍管理和督导机制。

（二）开展中等职业学校教师教育的院校要将本标准作为财务管理类专业教师培养培训的主要依据

完善财务管理类专业教师培养培训方案，科学设置教师教育课程，改革教育教学方式；重视教师职业道德教育，重视职业实践、社会实践和教育实习；根据财务管理类专业教师的职业特点，加强专业建设，深化校企合作，提高师资的实践技能；加强中等职业学校教师教育院校的师资队伍建设，建立科学的培养质量评价制度。

（三）中等职业学校要将本标准作为财务管理类专业教师管理的重要依据

制定中等职业学校教师专业发展规划，注重教师职业理想与职业道德教育，增强教师育人的责任感与使命感；开展校本研修，促进教师专业发展；完善教师岗位职责和考核评价制度，健全教师绩效管理机制。

（四）中等职业学校财务管理类专业教师要将本标准作为自身专业发展的基本依据

制定个人专业发展规划，爱岗敬业，增强专业发展自觉性；勇于开展教育教学改革，不断创新；积极进行自我评价，主动参加教师培训和自主研修，逐步提升专业发展水平。

本 章 小 结

本章内容要求掌握中等职业学校财务管理类专业教师特点和中等职业学校财务管理专业教师标准的基本内容；要熟悉中等职业学校财务管理类专业教师的来源和中等职业学校财务管理类专业教师工作现状。

思考题

1. 中等职业学校财务管理类专业教师的特点是什么？
2. 阐述中等职业学校财务管理类专业教师标准的基本内容。

第三章　中等职业学校财务管理类专业教育概况

学习目标：
1. 熟悉中等职业学校财务管理类专业人才培养的岗位设置及教师配备。
2. 掌握中等职业学校财务管理类专业人才培养标准。
3. 熟悉中等职业学校财务管理类专业教学内容。

了解财务管理类专业的发展现状、培养标准、本专业所教课程，并且熟悉课程内容，走上工作岗位后才能献给学生精彩的课堂！

第一节　中等职业学校财务管理类专业人才培养现状

目前，我国市场经济主体架构已基本确立，市场环境和市场秩序明显改善，金融市场高速发展，越来越多掌握资金决策和资本运作的企业在资本市场上实现了跨越式的发展，必须实施有效的财务管理。经济的全球化、信息化，金融市场的国际化，使企业面临着日益复杂的金融环境和许多不确定因素，财务决策便成为影响企业生存发展的关键，而我国财务管理专业人才相对匮乏，因此现代企业财务管理专业人才的培养成为一个重要的课题。

一、财务管理专业岗位设置

财务管理专业主要培养与我国社会主义现代化建设相适应，德、智、体、美全面发展，具有扎实的现代财务管理理论知识和方法；掌握现代资金市场和财务决策技术，能够胜任各类工商企业、证券和金融机构的财务分析、决策、规划与控制工作以及资本市场运营的管理型、应用型专门人才。其工作岗位以会计、资金管理、投资理财为主，以下是主要岗位设置，如表3-1所示。

表 3-1 财务管理专业职业岗位及基本知识能力要求

岗位	岗位描述	基本知识	职业技能
出纳员	1. 办理现金收付与银行结算 2. 设置登记日记账 3. 贯彻执行货币资金管理的法规制度，审核、监督各项收支的合理合法性	1. 现金业务 2. 银行存款业务 3. 其他货币资金业务	1. 原始凭证的填制、审核 2. 记账凭证的填制、审核 3. 日记账的登记、审核 4. 银行存款余额调节表的填制 5. 具备熟练的财务电算化技能
财务会计	1. 会计核算 2. 编制报表 3. 纳税申报 4. 会计监督 5. 资产管理 6. 成本核算	1. 企业会计核算理论与方法 2. 会计报表的编制方法 3. 成本核算基本方法 4. 税收法规	1. 原始凭证的填制、审核 2. 记账凭证的填制、审核 3. 明细账、总账的登记、审核 4. 会计报表的编制 5. 纳税计算及申报表的填制
会计主管	1. 复核会计凭证、账簿、报表，汇总会计凭证，登记总账 2. 试算平衡，编制各种对外会计报表	1. 财务核算 2. 纳税申报 3. 财务报表分析 4. 会计稽核 5. 内部审计 6. 会计调整	1. 负责公司的全盘财务核算工作 2. 纳税申报表的编制 3. 财务报表的编制与分析 4. 会计凭证、账簿、报表的稽核 5. 负责公司年度会计决算工作及审计工作 6. 会计账目的调整 7. 负责公司的票据管理及会计档案管理工作 8. 参与公司日常财务管理
财务主管	1. 进行预算的编制和调整 2. 纳税申报表的编制 3. 编制审计报告	1. 综合财务核算 2. 内部审计 3. 预算的编制	1. 负责审核公司原始凭证、记账凭证及会计报表，保证各项数据真实、准确 2. 负责审查所有对外提供的会计资料和经济信息。每月初负责审核公司的纳税申报表；每年负责审核公司的年终汇算清缴报告，负责完成公司的年终汇算清缴工作 3. 负责与财政、税务、金融部门的联系，协助主管领导处理好与这些部门的关系，及时掌握财政、税务及外汇动向 4. 财务管理制度、细则、办法的拟定和实施 5. 组织制定并完善财务部岗位责任制，负责对财务人员的考核 6. 负责编制公司的年度经营预算 7. 负责预算调整并报财务主管审核
财务总监	1. 审查财务成本计划及各项财务开支 2. 制定财务管理制度 3. 制定公司内部控制制度	1. 综合财务核算 2. 工商、财会及税务管理制度 3. 内部控制制度	1. 在董事会和总经理领导下，总管公司会计、报表、预算工作 2. 负责制定公司利润计划、资本投资、财务规划、销售前景、开支预算或成本标准 3. 制定和管理税收政策方案及程序 4. 建立健全公司内部核算的组织、指导和数据管理体系，以及核算和财务管理的规章制度 5. 组织公司有关部门开展经济活动分析，组织编制公司财务计划、成本计划，努力降低成本，增收节支，提高效益 6. 监督公司遵守国家财经法令、纪律，以及董事会决议

目前，在中等职业学校专业目录中未单独开设财务管理专业，但如会计、会计电算化、统计事务、金融事务、保险事务、信托事务等专业都需要"财务管理"作为支撑。反之，财务管理体系不仅仅需要财务管理专业，更需要其他相近专业与之相配合。

二、中等职业学校财务管理专业教师配备

（一）中等职业学校财务管理专业教师工作职责

中等职业学校财务管理类专业教师工作职责包括以下几方面。

（1）忠诚中等职业教育事业，有强烈的事业心、责任感，有正确的教育思想，既是学生学习的指导者，又是学生思想品格的引路人。

（2）遵循教育方针，结合学校具体要求以及所任课班级的实际情况，制订出学期教学工作计划。

（3）按照课程标准和教材内容的要求，从学生实际出发，认真完成教学任务。认真组织课堂教学，不断改进教学方法，指导学生改进学习方法，培养学生良好的学习习惯。

（4）按照培养方案中的实习实训要求，认真做好实践教学，积极采用现代化教学手段，努力培养学生素养、动手操作等能力。

（5）勇于改革，积极进行各种教育、教学改革的实践，不断探索，不断提高教育和教学质量。

（二）中等职业学校财务管理专业教师专业技术岗位与内容

中等职业学校财务管理类专业教师需要承担财务管理、财务会计、财务报表分析、全面预算管理、成本核算与管理、税收等专业课程的理论讲授和课程实验、实习实训指导方面的教学内容，因此财务管理专业教师必须熟悉企事业单位财务管理各岗位的工作内容、流程，具备较强的实践能力，能够从事企事业单位财务管理等相关领域的工作，并且取得相关职业资格证书、专业技能证书等。同时，作为一名专业教师，还应该能够主持、参加编写教材、教学参考书及其他教学文件，了解本学科的国内外学术、技术发展动态，参加科学研究、技术开发、社会咨询工作等。

（三）中等职业学校人才培养目标和学生主要就业岗位

中等职业学校人才基本培养目标为"培养与我国社会发展、经济建设相适应，具有综合职业能力，在生产服务一线工作的高素质劳动者和技能型人才"。其宗旨具有双重性，其一是"初等职业技术水平"，以帮助学生取得职业入行或上岗资格；其二是"高中阶段的文化基础教育"，以培养学生具有综合的知识结构和智能结构，包括理想、情操、人格、文明在内的精神品质。

结合中等职业学校培养目标，财务管理专业的培养目标概括来讲就是培养具有较强综合职业素质的、为社会经济建设服务的技能型、应用型人才。就一个企业而言，财务管理专业学生就业的岗位主要面向会计核算、预算管理、营运资本管理、成本核算与控制、筹资管理、投资管理、利润分配、财务分析、税务管理与筹划等岗位。刚毕业的学生就业走向主要是企业或公司、服务行业等领域的会计核算、会计咨询、收银、出纳、代理记账、税务代理等基层岗位工作。

(四)中等职业学校财务管理类专业课程的开设和开发

中等职业学校财务管理专业主要课程包括基础会计、会计电算化、财经法规、中级财务会计、成本会计、税收基础、会计模拟实习、校外顶岗实习等。

三、中等职业学校校企合作

《国家中长期教育改革和发展纲要》对职业教育明确提出实行"工学结合、校企合作、顶岗实习"的人才培养模式。教育部《中等职业教育改革创新行动计划》也提出，着力推进中等职业教育校企一体化办学。职业教育要坚持"以服务为宗旨、以就业为导向"的办学方针，而校企合作、工学结合是提高学生就业率和就业质量的基本途径。

从实际情况来看，财务管理类专业校企合作办学困难较大，主要问题有：①校企合作缺乏有效的机制；②企业利益限制及认识异同；③企业多数不具备接待大批学生的实习条件。

第二节 中等职业学校财务管理类专业人才培养标准

什么样的人才才是合格人才呢？在学校对学生进行培养之前，必须首先确定合格人才的标准，也就是人才培养标准。中等职业学校财务管理专业人才培养的标准具体内容如下。

一、人才培养总体目标

财务管理专业培养拥护党的基本路线，与我国社会主义现代化建设相适应，德、智、体、美、劳全面发展，具有良好的职业道德和职业精神，扎实的现代财务管理理论和方法知识，掌握财务管理及相关金融、会计、法律等方面知识，拥有会计手工核算、会计信息系统软件应用、财务可行性评价、财务报表分析及税务筹划等能力，能够胜任各类中小企业从事会计核算、成本管理、资本管理、财务预算、财务分析等工作的具备综合素质协调发展的高端技能型专门人才。

二、招生对象

招生对象为应（往）届初中毕业生。

三、学制

学制为三年。

四、人才培养要求

（一）知识结构要求

通过学校理论教学，本专业毕业生应具备以下知识。

1. 工具性知识

（1）系统性掌握一门外语，具有熟练的听说读写能力；
（2）掌握计算机软件、硬件技术及相关领域的应用能力；
（3）掌握通过网络获取信息的知识、方法和工具的能力；
（4）掌握中英文文献检索与一定的调查研究和科学写作能力。

2. 人文社科知识

基本掌握马克思主义、毛泽东思想、邓小平理论、"三个代表"重要思想和科学发展观的基本原理，树立科学的世界观和为人民服务的人生观，具备基础的文学、历史、哲学、艺术、法律等方面的知识和拥有良好的思想道德修养和健康的心理。人文社科知识主要包括马克思主义基本原理、毛泽东思想、邓小平理论、"三个代表"重要思想、科学发展观、思想道德修养、职业生涯规划、中等职业学校学生就业指导、时事报告、形势与政策、人生与哲学、职业道德与法律等。

3. 基础学科知识

掌握语文、数学、计算机、管理学、经济学和金融学等基本理论与基本知识。

4. 学科专业知识

（1）掌握财经法规及税法等相关知识；
（2）掌握基础会计、财务会计、成本会计、管理会计等相关知识；
（3）掌握财务管理、风险管理等相关知识；
（4）掌握财务软件应用相关知识；
（5）掌握各类资产核算与管理的方法；
（6）掌握财务分析的方法。

（二）职业素质要求

财务管理专业培养的学生应具备较高的政治理论素养和社会责任感；拥有良好的身体心理素质和道德素质；具备良好的专业品质和与面向工作岗位相适应的踏实敬业、团结协作及创新意识的职业素养，具体内容如下。

（1）拥有较高的思想政治素质和诚实守信的品质；
（2）拥有高尚的文化与道德素养；
（3）拥有良好的心理素质、强烈的事业心和高度的责任感；
（4）拥有较强的法律意识和社会责任意识；
（5）拥有优秀的语言文字表达、人际沟通能力；
（6）拥有优良的体魄，具有较强的适应能力和承受能力；
（7）拥有杰出的创新意识和创造能力。

（三）核心能力要求

通过实训、技能训练和实习基地顶岗实习等，财务管理专业毕业生应具备以下能力。
（1）经济业务的核算和处理能力；
（2）税金的核算、申报和交纳能力；
（3）财务预算、财务报告的编制、分析能力；
（4）成本核算的核算、分析能力；
（5）财务管理软件应用能力；
（6）税务筹划能力。

（四）技能证书要求

财务管理专业职业资格证书主要有：会计从业资格证书、助理会计师证书、计算机等级证书、会计电算化及相关软件应用师证书等。

五、培养实践性环节

（1）入学教育与军事训练。
（2）计算机应用基础、管理信息系统、财务信息化等课程课堂上机实验。
（3）财务基本技能训练：点钞、珠算、财务小键盘录入、数码字书写等基本技能训练。
（4）会计岗位实验。
（5）财务管理沙盘模拟实验（物理沙盘和电子沙盘）。

第三节 中等职业学校财务管理专业教学内容

根据中等职业学校财务管理专业的教学目标，以职业教育专业教学论的视角，针对财务管理专业培养学生的特色，将理论与实践、专业与教学、企业的实际需求和中等职业学校的学习环境有机地结合，应设置以下课程来有力地支撑其教学活动。中等职业学校专业课程的设置与内容分述如下。

一、公共基础课

（一）英语

本课程主要是使学生掌握一定的英语基础知识和基本技能，培养学生在日常生活和职业英语中的应用能力；培养学生的文化意识，提高学生文化素养；为学生的职业生涯、继续学习和终身发展奠定基础。

（二）体育

本课程主要传授最基本的体育与健康文化知识、运动技能、技术和方法，科学指导和安排体育锻炼过程，落实"健康第一"的思想，帮助学生增强体能素质、提高综合职业能力、提升生活质量和品位，养成终身从事体育锻炼的意识、能力与习惯，为全面促进学生身体健康、心理健康和提高社会适应能力服务。

（三）计算机基础

本课程主要帮助学生掌握必备的计算机基础知识和基本技能，培养学生应用计算机解决工作与生活中实际问题的能力。提升学生的信息素养，使学生了解并遵守相关法律法规、信息道德及信息安全准则，自觉抵制不良信息，依法进行信息技术活动，培养学生成为信息社会的合格公民。

（四）思想品德修养

本课程是中等职业学校对学生进行系统的马克思主义理论和思想道德教育的主要渠道和基本环节，有效开展马克思主义的世界观、人生观、价值观、道德观、法制观教育，综合运用相关学科知识，依据中等职业学校学生的成长规律，教育引导中等职业学校学生加强自身思想道德修养、强化法律观念和法律意识，帮助中等职业学校学生树立正确的世界观、人生观、价值观，真正做到学法、懂法、用法，依法办事，依法维护国家和公民个人的合法权益。

二、学科基础课

（一）管理学

本课程主要培养学生基层管理岗位的综合管理技能，用现代管理理念武装学生思想。通过理论学习、技能训练和社会实践，使学生掌握管理学基本原理、工具和方法，树立现代管理的思想观念，培养学生管理者的素质，为后续专业课程的学习和成为一名"营运基层管理人"打好基础。课程以培养学生的管理能力为基本目标，为其他管理课程奠定基础。

（二）财政学

本课程主要帮助学生掌握和理解财政基本规律，即国家生财、聚财、用财（三财之道）的规律和宏观财政政策的具体原理，理解与政府有关的诸多经济现象和经济政策，提高学生分析经济现象，解决经济问题的能力；并且能够用所学知识解释说明经济生活当中所存在的系列财政现象，为将来后续课程的学习打下良好的基础。

（三）基础会计

本课程是一门实践性和应用性很强的课程，是会计专业的专业基础课，通过本课程的学习，学生既掌握了会计学的基本理论、基本方法和基本技能，并能熟练掌握运用各种会计核算方法，使学生具备初步的会计核算的实操能力。

（四）数学

本课程使学生进一步学习并掌握职业岗位和生活中所必要的数学基础知识，引导学生逐步养成良好的学习习惯、实践意识、创新意识和实事求是的科学态度，提高学生就业能力与创业能力。

三、专业必修课

（一）初级会计实务

本课程是继"基础会计"之后的一门专业核心课，主要培养学生基本的会计核算能力，使学生掌握从事初级会计工作的必要技能，通过本课程的学习，学生应能够胜任初级会计人员工作岗位。

（二）中级财务会计

本课程的任务是使学生具备中初级会计人才所必需的企业财务会计的基本理论、基本知识和基本技能，掌握企业财务会计的核算方法，培养学生从事会计核算和会计事务管理工作的综合职业能力，帮助学生树立正确的会计职业道德。

（三）成本管理

本课程是全面介绍企业成本管理的理论和方法的课程。掌握成本管理的基本理论和方法，了解成本管理发展的新理念和新思想；紧密联系实际，学会分析案例，解决实际问题，把学科理论的学习融入对经济活动实践的研究和认识中，切实提高分析问题、解决问题的能力，真正掌握课程的核心内容，为提高企业的成本管理水平服务。

（四）财务管理

本课程要求学生掌握公司财务管理的基本理论和方法，掌握公司财务管理的基本框架，熟悉公司财务管理的基本理论，掌握公司筹资、投资、收益分配的管理方法，并且能够运用财务管理的理论和方法解决实际问题。

（五）管理会计

管理会计是会计学专业的专业课，系统介绍现代管理会计的基本理论与具体应用方法。其主要内容包括：成本性态分析、变动成本计算、本量利分析、预测分析、短期经营决策、长期投资决策、全面预算、成本控制、责任会计、作业成本法及战略管理会计等。

（六）会计电算化

本课程是计算机与会计相结合的一门交叉性的课程，是在掌握了会计学知识和计算机知识相关课程内容的基础上，以会计理论和会计核算方法为核心、以会计制度为依据、以计算机作为处理工具，进行会计业务处理与管理的专业课程。

（七）会计岗位综合实训

本课程主要使学生掌握实际会计工作岗位中需要的会计核算和管理技能，同时熟悉会计工作岗位之间的业务衔接关系和内部控制要求，以及会计人员的职业道德规范等内容，从而完成从理论转向实践、从单项技能向综合技能的过渡，达到（助理）会计师的基本素质。最终强化核心专业能力和一般关键能力。

四、专业选修课

（一）税法

通过本课程的教学，使学生了解税收法律制度基础和税收征收管理法律制度，理解并掌握各种税收法律制度的主要内容，全面把握我国现行各种税种的计税依据、计算方法，正确计算各种税种的应纳税额，从而具备对实际经济业务中涉及的税收问题的分析和解决问题的能力，以达到培养应用型人才的目标。

（二）经济法

本课程的主要任务是使学生获取与经济相关的法学基础理论知识，掌握常用的经济法律法规，正确地运用所学的法律知识处理一般的经济纠纷，为把学生培养成为高素质的劳动者和中初级专门人才奠定基础。同时培养和提高学生的法治意识，使学生具有良好的职业道德和职业习惯，成为遵纪守法的社会主义劳动者。

（三）统计学

运用统计数量分析的基本理论和方法，分析社会经济现象的数量特征和数量变化特征，揭示社会经济现象的本质和变化规律，为宏观、微观经济管理和决策提供统计支持。

通过该课程的学习，学生能够掌握统计的基本理论和基本方法，提高统计调查和统计分析的基本技能，为后续的专业课学习打下基础。

（四）审计学

本课程主要使学生了解审计在现代市场经济中的作用，掌握审计的基本概念、基本方法及基本审计程序，理解现代审计理论的发展演变过程；能够运用现代审计技术与方法，按照科学的审计程序，对一些具体审计案例进行分析。

（五）资产评估

本课程主要阐述资产评估的基本原理、基本方法和基本技能，具有很强的实践性、可操作性和规范性。熟练掌握资产评估的基本原理、基本方法和基本技能，是从事资产评估工作的基础。

中等职业学校财务管理类专业教学内容及课程的设置并不是固定不变的，随着社会的发展、知识的更新及不同技能的要求，其侧重点会不断地变化，所以，中等职业学校需要根据实际情况，合理设置符合本地特色的职业课程。

本 章 小 结

本章内容主要要求了解我国目前财务管理类专业人才培养现状；了解与国际现状的差距，为今后我国财务管理类专业人才培养改革指明方向。

思考题

调查本地区财务管理类专业人才培养现状，人才培养需求及教师配备中存在的问题，提出有哪些地方需要改进及改进的措施。

第四章　中等职业学校财务管理类专业教学模式

学习目标：
1. 熟悉教学模式的概念、特点和功能。
2. 熟悉教学模式的发展历史及其发展趋势。
3. 掌握财务管理类专业课程主要教学模式。
4. 掌握财务管理类专业行动导向教学模式。

不同的教育观往往出现不同的教学模式。中等职业学校财务管理类专业教师，要想出色地完成教学任务，必须熟悉和掌握先进的教学模式并合理适用这些教学模式。教师如何选择和运用教学模式要考虑教学内容和学生的特点，并不能生搬硬套，也不能千篇一律。

第一节　教学模式概述

随着科学技术的迅猛发展及社会的进步，职业教育的教学目标、教学对象和教学内容都发生了巨大的变化，中等职业学校要真正培育能够解决实际问题的、新世纪所需要的、具有世界竞争力的人才，必须深化职业教育人才培养模式改革与创新，积极探索新型教学模式是职业教育的必然选择和重要工作。

一、教学模式的概念

"模式"一词在现代社会中运用较为广泛。汉语中，模式是指"标准的形式或样式"。在英语中，它和"模型""模范"是同一个词，即"model"。模式通常被理解为经验与理论之间的一种知识系统，是再现现实的一种理论性的简化形式。概况来讲，它包括三个要点：第一，模式是现实的再现；第二，模式是理论性的形式；第三，模式是简化的知识系统。

一般认为，教学模式是指在一定教学思想或教学理论指导下建立起来的、较为稳定的教学活动结构框架和活动程序。它既是教学理论的具体化，又是教学经验的一种系统概括。它既可以直接从丰富的教学实践经验中通过理论概括而形成，也可以在一定的理论指导下提出一种假设，经过多次实验后形成。所以说教学模式也不是纯理论，它还含有程序、结构、方法、策略等远比纯理论丰富的东西。

教学模式不同于教学方法。教学模式是"在教学实践中基于教学形式和方法的系统结合而产生的一种综合性的形式"，是宏观层次的概念。教学方法是教师和学生为了实现共同的教学目标，完成共同的教学任务，在教学过程中运用的具体方式与手段，是一个微观层次的概念。教学模式与教学方法又密切联系，教学方法是教学模式的重要内容，包含在教学模式之中，它比教学模式更具体。

教学模式不是计划，计划只是教学模式的外在表现，仅此不足以揭示其内在的教学思想或意向。

二、教学模式的结构

教学活动存在于一定的时间和空间中。在空间上，教学活动表现为根据一定的教学理论、教学目标，处理、安排教师、学生、教学手段三者的地位、作用与相互关系；在时间上，教学活动表现为教师、学生、教学手段三者相互作用的具体实施过程。

因此，不同的教学理论、教学目标，对教师、学生、教学手段三者地位、作用、相互关系的不同观点与处理、安排，以及所具有的时态序列，就构成了不同的教学模式。

一个完整的教学模式一般包括以下六个基本要素。

（1）理论基础。理论基础是教学模式赖以建立的教学理论或思想，是教学模式的灵魂。教学模式是一定的教学理论或教学思想的反映，是一定理论指导下的教学行为规范。不同的教学观往往提出不同的教学模式。

（2）教学目标。教学目标是指模式所能达到的教学结果，是教育者对某项教学活动在学习者身上将产生的效果所做出的预先估计。任何教学模式总是为了完成特定的教学目标而创设的。教学目标在教学模式的构成因素中居于核心地位，是人们设计教学模式时处理结构、安排操作程序、选择策略方法的依据，对其他因素起着制约作用，是教学评价的标准和尺度。

（3）操作程序。每一种教学模式都有其特定的逻辑步骤和操作程序，它规定了在教学活动中先做什么、后做什么，以及各步骤应当完成的具体任务。操作程序的实质在于处理教师、学生与教学手段的关系及其在时间顺序上的实施。它是相对稳定，而不是僵化不变的。

（4）师生角色。这是构成教学模式重要的能动的要素。任何教学活动都是师生之间的交往活动，这种交往的价值取向、方式和方法、互动与配合成为构成教学模式重要的能动的要素。不同的教学模式，师生关系及角色特征有很大的差异。例如，教师对课堂教学管理，可以是专制型（高度集中型）、民主型或放任型；学生的学习可以是被动型或主动型的，这种差异是由教学模式的价值取向、要完成的教学任务的特征及选择的教学策略等因素决定的。

（5）实现条件、手段与策略。实现条件、手段与策略是指促使教学模式发挥效力的各种条件（教师、学生、教学手段、时间、空间等）的最佳组合和最好方案。策略是指为教师运用模式而简要提出的原则、方法和技巧，即操作要领。要保证模式在执行时的可靠性，提出的要领必须清晰、确切。保障教学模式的实现条件，可以更好地掌握和运用教学模式，顺利达到预期目的。

（6）评价。评价是指评价的方法、标准等。由于各个教学模式在目标、操作程序、策略方法上的不同，因而评价的方法和标准也就不同。每种教学模式一般都有适合自己特点的评价方法和标准，但现阶段除少数的模式已初步形成了一套相应的评价标准方法外，很多模式至今尚未形成自己独特的评价标准和方法，这也是今后教学模式探索中的一个重点和难点。

三、教学模式的特点和功能

（一）教学模式的特点

1. 指向性

教学模式具有很强的指向性。任何一种教学模式都围绕着一定的教学目标设计，而且每种教学模式的有效运用也需要一定的条件，所以在一定的条件下达到特定目标的教学模式才是最有效的、最恰当的教学模式。如果离开了特定的教学目标和教学条件，就谈不上哪一种教学模式是最好的。同时，不存在对任何教学过程都适用的普适性的模式。因此，在教学过程中选择教学模式时必须注意不同教学模式的特点和性能，遵循教学模式的指向性。

2. 操作性

教学模式必须是一种具体的、可操作的教学思想或理论，它把某种教学理论或活动方式中最核心的可操作部分用简化的形式反映出来，为人们提供了一个比抽象的理论更具体的教学行为框架，便于理解、把握和运用。

3. 完整性

教学模式是教学现实和教学理论的协调统一，它有一套完整的结构和一系列的运行程序及要求，体现着理论上的无懈可击和过程上的有始有终。

4. 稳定性

一般情况下，教学模式并不涉及具体的学科内容，所提供的程序对教学起着普遍的参考作用，具有一定的稳定性。但是教学模式总是与一定历史时期相联系，受到教育方针和教育目的制约，因此，这种稳定性又是相对的。

5. 灵活性

既要体现某种理论或思想，又要在具体的教学过程中进行操作的教学模式，在运用的过程中必须考虑学科的特点、教学的内容、现有的教学条件和师生的具体情况，进行细微的方法上的调整，才能体现对学科特点的主动适应。

（二）教学模式的功能

1. 中介功能

教学模式能为教学提供一定理论依据，使教学摆脱只凭经验和感觉，在实践中从头摸索进行的状况，为教学搭建起一座理论与实践相联系的桥梁。教学模式是抽象理论得以发挥其实践功能的中间环节，也是教学理论得以具体指导教学，并在实践中运用的中介。

2. 示范引导功能

教学模式为教学理论运用于实践提供了较为完备、便于操作的"基本套路"，教师在运用这些"基本套路"时，可以根据具体教学条件或情境灵活调整，形成适合教学实际的"变式"，从而减少盲目摸索、尝试错误所浪费的时间和精力，这就是教学模式的示范引导功能。教学模式示范引导功能的发挥，对于青年教师尽快独立教学、学校教学工作规范化、正常教学秩序的建立等，具有非常重要的意义。而教学模式的示范引导功能，旨在教给教师教学的"基本套路"，并不会限制或扼杀教师的个性和创造性。

3. 启发功能

教学模式一般由理论基础、教学目标、操作程序、实现条件、评价等要素组成，它能启发人们根据这些线索探索新的问题，如教学思想的渊源与发展线索、教学目标的分类与诠释、在时间与空间上的操作序列、师生角色的分配与活动的比重、评价的侧重点等。

四、教学模式的历史与发展

教学模式是教学活动的基本结构，每个教师在教学工作中都不由自主地按照一定的教学模式进行教学，而科学合理的教学模式离不开对传统教学模式的借鉴和对新兴教学模式的理解与运用。

（一）教学模式的演变

系统完整的教学模式是从近代教育学形成独立体系开始的，"教学模式"这一概念与理论在20世纪50年代以后才出现。不过在中外教学实践和教学思想中，很早就有了教学模式的雏形。

教学的典型模式就是传授式，其结构可以概括为"讲—听—读—记—练"。其优点是通俗化和直接性，能使深奥、抽象的课本知识变得具体形象、浅显通俗，同时避免了认识过程中的许多不必要的曲折和困难。其缺点是很容易固化成教师灌输知识，学生被动接受知识，缺乏独立思考和探索，这样不仅知识本身掌握不牢固，更难做到举一反三并加以迁移应用，从而限制学生能力的发展。

到了 17 世纪，随着学校教学中自然科学内容和直观教学法的引入，班级授课制度的实施，夸美纽斯提出应当把讲解、质疑、问答、练习统一于课堂教学中，并把观察等直观活动纳入教学活动体系之中，首次提出了以"感知—记忆—理解—判断"为程序结构的教学模式。

19 世纪是一个科学实验兴旺繁荣的时期。赫尔巴特从"统觉论"[①]出发，研究人的心理活动，认为学生在学习的过程中，只有当新经验已经构成心理的统觉团中概念且发生联系时，才能真正掌握知识。所以教师的任务就是选择正确的材料，以适当的程序提示学生，形成他们的学习背景或称觉团。从这一理论出发，提出了"明了—联合—系统—方法"的四阶段教学模式。接着他的学生莱因又将其改造为"预备—提示—联合—总结—应用"的五阶段教学模式。

以上这些教学模式存在一个共同的缺点，即学生的个性发展没有被全部解放出来。于是，随着资本主义大工业的发展，强调个性发展的思想普遍深入与流行，以赫尔巴特为代表的传统的教学模式受到了挑战，应运而生的杜威的实用主义教育理论得到了社会的推崇，教学模式又向前推进了一步。

杜威提出了以"做中学"为基础的实用主义教学模式。这一模式的基本程序是"创设情境—确定问题—占有资料—提出假设—检验假设"。这种教学模式打破了以往教学模式单一化的倾向，弥补了赫尔巴特教学模式的不足，强调学生的主体作用。强调活动教学，促进学生发现探索的技能，获得探究问题和解决问题的能力，开辟了现代教学模式的新纪元。当然，实用主义教学模式也有其缺陷。它把教学过程和科学研究过程等同起来，贬低了教师在教学过程中的指导作用，片面强调直接经验的重要性，忽视知识系统性的学习，影响了教学质量。

20 世纪 50 年代以来，随着新的科技革命的挑战，现代心理学和思维科学对人脑活动机制的揭示，发生认识论对个体认识过程的概括，认知心理学对人脑接受和选择信息活动的研究，特别是系统论、控制论、信息加工理论等的产生，对教学实践产生了深刻的影响，也给教学模式提出了许多新的课题。

（二）教学模式的发展趋势

（1）由以"教"为主向以"学"为主的教学模式变化。现代教学模式更重视教学活动中学生的主体性，重视学生对教学的参与。

（2）教学模式的技术手段日益现代化。信息技术对教育发展具有革命性的影响。信息技术应用到学校后，不是用来强化课堂教学已有的模式，不是为了便于教师利用其来传递知识，而是要利用信息技术，支持学生构建一种全新的学习方式。目前我国还没

---

① 赫尔巴特认为，观念有同化作用，这就是说，人们心灵中已有的旧观念可以同化、吸收新的观念，使自己得到补充、丰富，并在原有的基础上形成新的观念。他把这个过程称为"统觉"。统觉在教学过程中具有重大意义，整个教学过程主要是统觉的过程。

有形成一种服务于支持学生自主学习的公共平台和资源库。

（3）教学空间的范围扩大化。教学的空间范围从教室发展为一切可能发生学习的地方。实验室、制作室，去一个企业或者到社会上考察，或者到大自然里面观察、体验已经不是全部，而在安逸的家里，在等公交或坐巴士的间隙，只要你愿意的任何一个地点都成为可能。

（4）学生从自主学习到自主管理的发展趋势。教学模式更注重学生担当责任的能力以及自我管理能力的形成。

教学模式的变化将引起教育的变革。整个社会可能重建教育结构、重建教育秩序、重建教育标准。

五、教学模式的种类

由于教学实践依据的教学思想或理论的不同，学习内容和目标的不同，教学实践活动的形式和过程必然不同，从而形成不同的教学模式。教学模式的分类方法很多，按教学系统的结构关系的不同分为"以教师为中心"、"以学生为中心"和"教师为主导，学生为主体"的双中心教学模式；按教学组织形式的不同分为班级教学、小组教学、个别化教学模式；按教学目标的不同分为基于"做"（hand-on）的教学、基于思维（mind-on）的教学、基于事实（reality-on）的教学。按学习理论依据的不同将教学模式分为以下五类。

（1）行为修正模式。其主要依据行为主义学习理论，强调环境刺激对学习者行为结果的影响。如斯金纳的操作性条件作用和强化理论、班杜拉的观察模仿学习和行为矫正理论等。其教学方法有程序教学、掌握学习法、模拟、计算机操练与练习等，特别适用于知识技能训练。

（2）社会互动模式。其主要依据社会互动理论，强调教师与学生、学生与学生的相互影响和社会联系。如班杜拉的社会学习理论、维果斯基文化历史发展理论等。其教学方法有合作学习、群体讨论、角色扮演、社会科学调查等，特别适用于培养人际交往沟通能力。

（3）人格发展的个人模式。其主要依据个别化教学的理论与人本主义的教学思想，强调个人在教学中的主观能动性，坚持个别化教学。其教学方法有非指导性教学、启发式教学、求同存异讨论教学等，适用于个性培养、求异思维、培养独立学习和解决问题的能力。

（4）信息加工模式。其主要依据认知主义的信息加工理论，把教学看做一种创造性的信息加工过程，其教学方法有概念获得的探究方法、范例教学、有意义接受学习、发现学习、调查方法等，用于提高逻辑思维，批判思维能力。

（5）建构主义模式。其主要依据建构主义学习理论，强调学习者以自己的方式通过别人的帮助，建构对事物的理解。其教学方法有情境法、探索发现法、基于问题式学习、小组研究、合作学习等，特别适用于"劣构"①领域和高级知识的学习以及培养科学研究精神。

六、常见的国内外课堂教学模式

1. 布卢姆的掌握学习教学模式

掌握学习教学模式是在所有学生都能学好的思想指导下，以集体教学为基础，辅之以经常及时的反馈，为学生提供个别化的帮助以及额外的学习时间，使大多数学生都能达到教学的基本要求。

2. 斯金纳的程序教学

程序教学是根据学生目标，在促进学习者学习时，不断地给予强化，促进学习者向着学习目标迈进。

3. 赞可夫的"发展性"教学体系

"发展性"教学体系的主导思想，即以最好的教学效果来达到学生最理想的发展水平。赞可夫提出了五条"教学原则"：①高难度进行教学；②高速度进行教学；③理论知识起指导作用；④使学生理解学习过程；⑤使全班学生都得到发展。

4. 加涅的信息加工教学模式

信息加工教学模式把学习看成信息的获取、加工和储存。这是近代认知心理学最强调的观点。

5. 塔巴的"三步九阶段"教学模式

塔巴反对教师把现成的结论直接传授给学生，提倡学生通过自己处理信息来形成自己的结论，认为思维技能是能通过教学来进行传授的，但它必须通过特定的教学策略来进行，并且这些策略要按一定的顺序来使用，因为一种思维技巧的建立和获得往往要以另外一些思维技能的建立和获得为前提。

6. "先学后教、当堂训练"的教学模式

教师的责任不在于教，而在于教学生学。先学后教，以教导学，以学促教的一种教

---

① 乔纳森把问题分为两类，即良构问题和劣构问题。良构问题有唯一解，解决这类问题需要根据限定的问题条件，运用所学的概念、规则和原理。它是由明确的初始状态、已知的目标状态和受限制的一些逻辑因素组成的。劣构问题因为与人们的日常生活实践密切相关，因而趣味性强，对学习者很有意义。在解决这类问题的过程中，学习者需要界定问题，选择有益于形成解决方案的信息和技能。于此，学习者具有很大的主体能动空间。劣构问题的主要特点是：a）界定不明确，问题的构成存在未知或某种程度的不可知部分；b）目标界定含糊不清，缺少限定；c）具有多种解决方法、途径或根本不存在解决方法，亦即，没有公认的解决方法；d）具有多种评价解决方法的标准；e）可操控的参数变量很少；f）没有原型的案例可供参考，因为案例中各重要因素在不同的情境具有显著差异，而且这些因素是相互影响的；g）不能确定哪些概念、规则和原理对形成解决方案来说是必需的，也不知如何将它们组织起来；h）概念、规则和原理三者之间的关系在案例间的应用不一致；i）对描述或预知大多数案例没有一般性的规则或原理；j）在确定恰当的行动方面，没有明确的方法；k）需要学习者表达个人对问题的观点或信念，因而解决问题的过程是一种独特的人际互动过程；l）需要学习者对问题做出判断，并说明理由。教学设计问题是劣构问题的一个典型例子。

学模式。其基本流程为：①介绍学习目标（一分钟左右）；②自学指导（两分钟左右）；③学生自学；④学生练习；⑤引导学生更正，指导学生运用；⑥当堂完成作业（不少于15分钟）。

7. 杜郎口中学的"三三六"课堂教学模式

山东省杜郎口中学在教学改革中探索出的一套具有鲜明杜郎口特色的教改体系，可称之为"杜郎口模式"，或称为"三三六"模式。在后面有专门论述。

8. 主体性课堂教学模式

主体性课堂教学模式就是以"学求自立、自由、自觉，教讲民主、和谐、灵活"为基本特征，"主体性"为典型特点的教学模式。

9. "271"模式

"271"模式，即课堂45分钟按照2∶7∶1的比例划分，要求教师的讲课时间不大于20%，学生自主学习占到70%，剩余的10%用于每堂课的成果测评。

"271"体现在学生的组成划分上，即20%是优秀生，70%是中等生，10%是后进生。"271"还体现在学习内容上，即20%的知识是不用讲学生就能自学会的，70%是通过讨论才能学会的，10%是通过同学之间在课堂上展示，互相回答问题，加上老师的强调、点拨，并通过反复训练才能会的。

第二节 混合学习教学模式

一、混合学习教学模式的基本内容

混合学习被认为是把在线学习与面对面学习优势结合起来形成的一种新的学习方式。混合学习蕴含巨大的潜力，是对传统教育进行根本性的设计，属于破坏性创新。

（一）混合学习教学模式的定义

混合学习教学模式主要特点在于混合不同学习环境，特别是传统的面对面教学环境和基于数字技术教学环境的混合。

具体来讲就是在正式教育中学生的学习形式，包括至少一部分是通过在线学习和讲座来接收内容，且学生能自己控制时间、地点、路径和进度；至少一部分是在有监督和指导且不在家的实体地点进行。

"在线学习"这个词，根据不同环境可以用"虚拟学习""数字化学习""电子学习"等替换。"学生能自己控制时间、地点、路径和进度"这部分则是把混合学习与技术教学如多媒体教学等区分开来，"正式教育"与非正式学习区分开来。

具体提到学习必须是"有监督"和发生于"不在家"的地点，这是为了与发生在咖啡馆、图书馆或家中的全职在线学习区分开，提供监督和指导的人也避免是学生的家长或其他非专业人士。

（二）混合学习的分类

混合学习并非是一种单一的模式，不同的组织、学校或教师可能有自己对混合学习的理解和实践运用。一般认为混合学习的主要类别有四种，即循环模式、弹性模式、自混合模式、增强虚拟模式。其中，循环模式又分为四种，即就地循环模式、实验室循环模式、翻转课堂模式、个别循环模式，如图 4-1 所示。

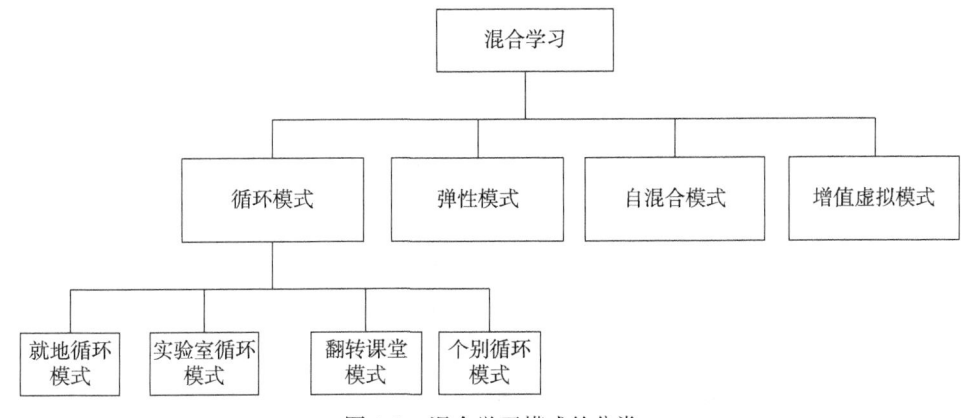

图 4-1 混合学习模式的分类

1. 循环模式

对于某一给定的学科或课程，在固定的时间表内，学生在多种学习形式和活动（如在线学习、小组协作、集中授课、分组项目、个别辅导、书面作业）中循环的学习模式。根据学习场所和时间表又分为以下四个子类。

（1）就地循环模式，即各种学习形式和活动的场所在固定教室中的循环模式。例如，在每间教室装配了 10~15 台电脑，每天教师带领学生们在教室中循环着进行在线学习、小型讲座、小组协作和个别辅导等学习活动，如图 4-2 所示。

（2）实验室循环模式，即各种学习形式和活动的场所在校园内的教室和在线学习实验室之间循环的学习模式。例如，每天学生们 75%的时间在各种教室参加面对面课程，另外 25%的时间（大约 2 个小时）在装配有大量电脑的学习实验室进行阅读和教学课程的在线学习，如图 4-3 所示。

（3）翻转课堂模式，即上课时间在教室参加与教师面对面辅导，放学后回家进行在线学习的循环模式。例如，学生们在放学后在线观看讲解数学的视频，并在 moodle 上回答相应问题；回到学校后在教师的帮助下实践和应用所学，如图 4-4 所示。

（4）个别循环模式，即学习活动是在个别化定制时间表和固定课表之间，以及学习场所是在线学习中心实验室和教室之间的循环模式。个别循环模式是由系统或教师来设置学生的个别化时间表，与其他循环模式的区别是学生没必要参加每一个地点或形式的学习。例如，每位学生按照自己特别的时间表，在学习中心的在线学习和各种线下学习活动之间循环，每个来回至少 35 分钟，如图 4-5 所示。

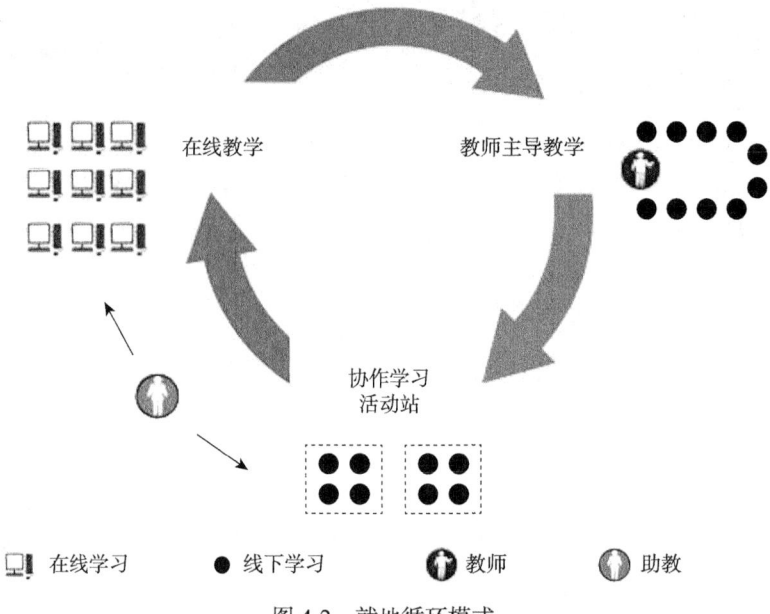

图 4-2 就地循环模式

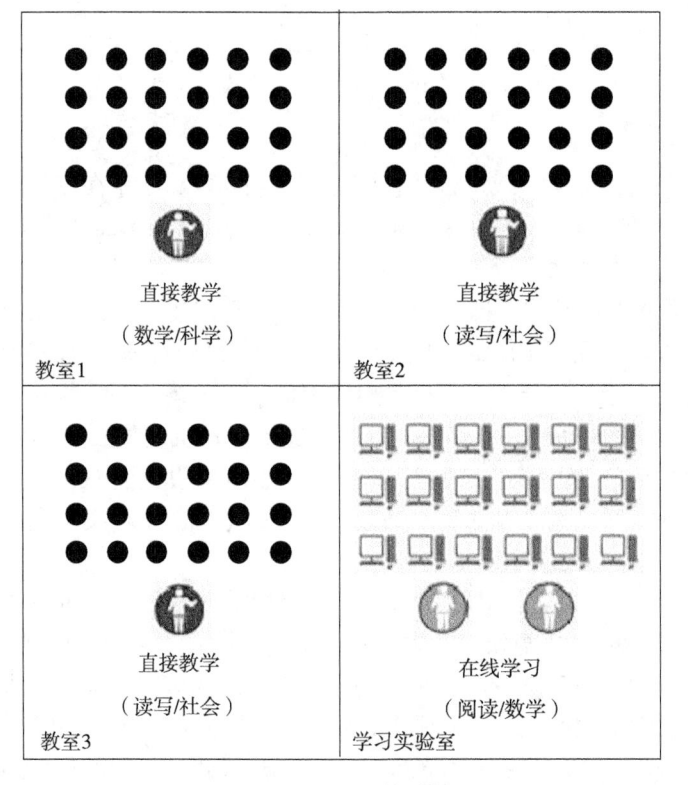

图 4-3 实验室循环模式

图 4-4　翻转课堂学习模式

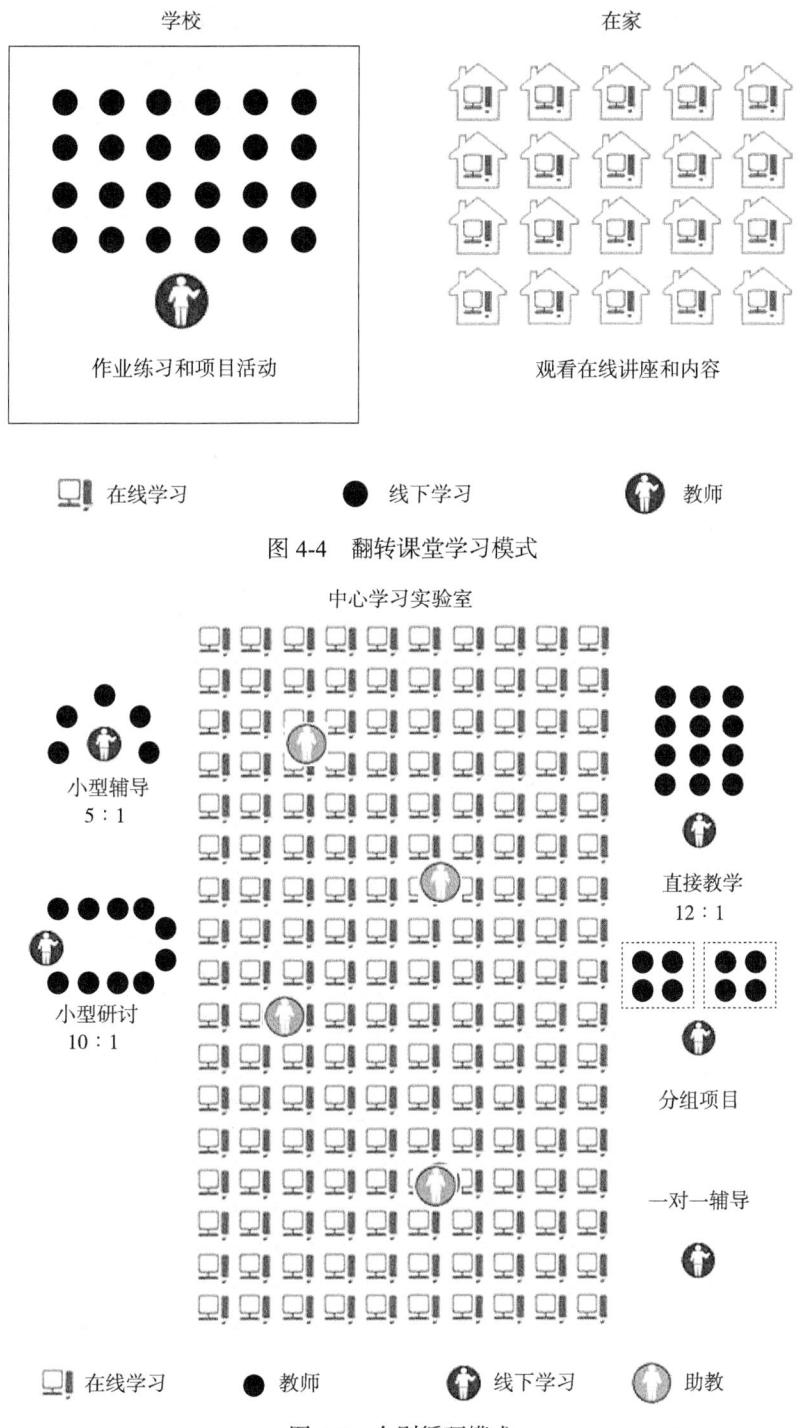

图 4-5　个别循环模式

2. 弹性模式

弹性模式是一种内容和讲座主要通过互联网传递，学生学习基于个别化定制，各种学习形式流动安排，课程登记教师做现场支持的学习模式。面对面教师支持活动包括小型讲座、分组项目、个别辅导等。这是一个弹性和自适应的方式，根据需求有的可能需要大量面对面支持，有的需求则较少。例如，面对面教师使用数据监控面板在学生学习核心课程时提供有针对性的干预和补充，如图 4-6 所示。

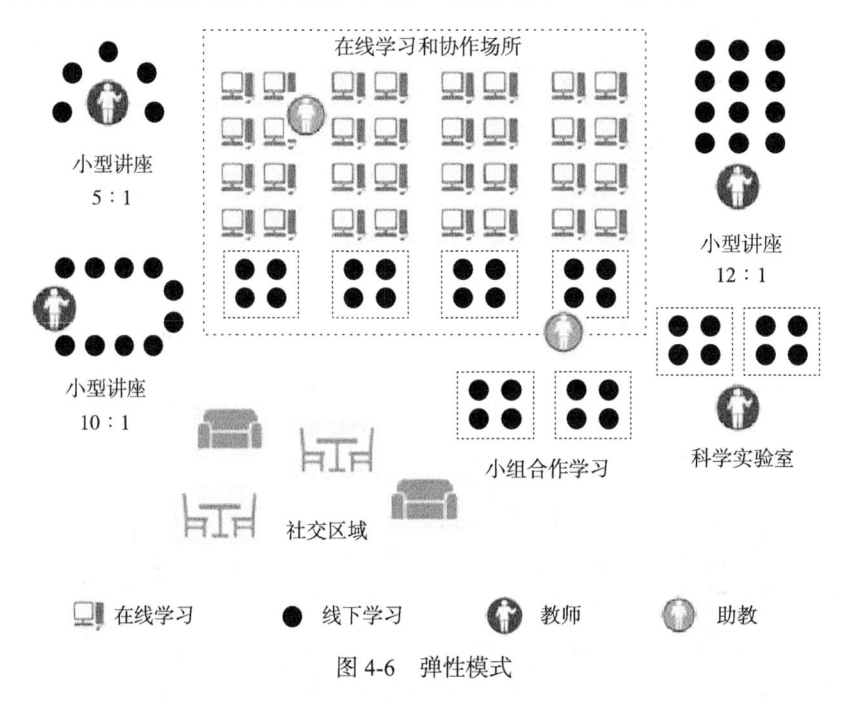

图 4-6 弹性模式

3. 自混合模式

自混合模式就是学生选择一门或多门课程进行完全在线学习作为传统课程的补充，且教师通过在线给予支持的学习模式。学生既可以在学校又可以在校外进行在线学习。学生自主选择在线课程和学校传统面对面课程进行混合学习而并非学校统一运作，这是与全职在线学习和后面的增强虚拟模式的主要区别。例如，可以让学生自主选择学习一门或多门在线课程，课程是异步的，学生可以在一天中任何时候学习。学校创建一个叫做"网络休息室"的场所，让学生既可以在学校完成在线课程，又可以在其他地方完成在线课程。每个学生都可以通过在线方式寻求这门课程的教师单独指导，这些教师大部分也担任了学校的面对面课程，如图 4-7 所示。

4. 增强虚拟模式

增强虚拟模式是一种由学校统一运作，学生把在线学习和面对面教室学习时间完全分离开的一种模式。这类模式多发端于全职在线学习学校，然后通过给学生增加实体学校体验而发展起来的混合学习模式，与翻转课堂的区别是学生每周很少出席实体学校的面对面课程。例如，可以让学生只需在每个课程开始时在教室中与教师面对面之外，课程其余部分都通过在线学习方式完成。这个混合学习项目要求学生课程得分最低必须达到 C 级，如图 4-8 所示。

图 4-7　自混合模式

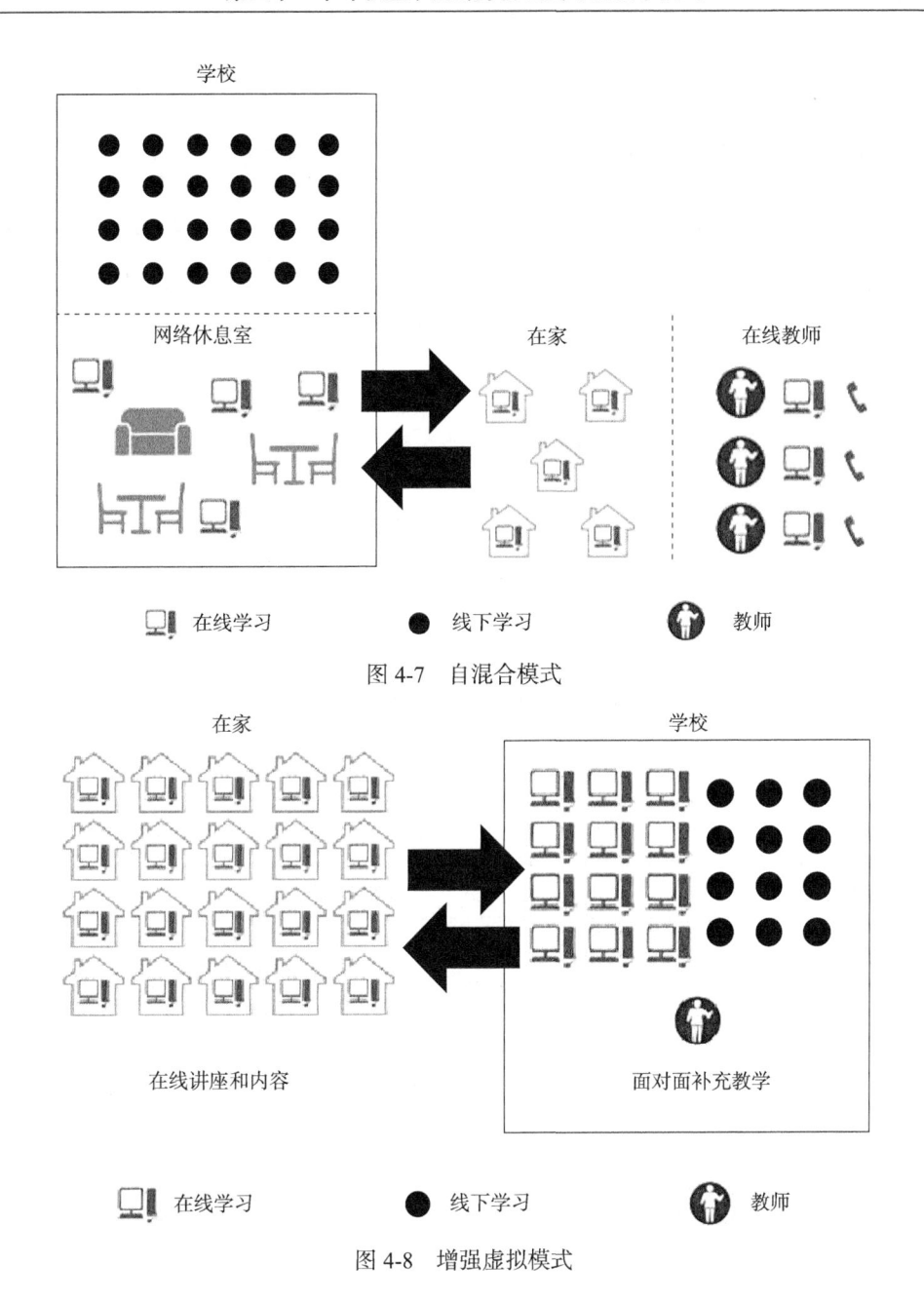

图 4-8　增强虚拟模式

（三）混合学习模式的特点

1. 时代性

"混合学习"理论明显具有时代特征，它是随着信息技术和网络技术的发展出现的，是在 E-learning（网络学习）进入低潮后人们对纯技术环境进行反思而提出的。随着科技的发展和现代教育技术的不断创新，"混合学习"理论也必将不断完善。

2. 综合性

"混合学习"理论的综合性主要体现在两个方面：一是"混合"是与"教"和"学"相关的多个方面的组合或融合，是不同的教学方式、教学环境、教学媒体、教学要素等诸多方面的有机结合。二是"混合学习"的理论基础深厚，混合学习的理论是多元化的，是多种理论的混合，主要包括行为主义学习理论、认知主义学习理论、建构主义学习理论、人本主义思想、教学系统设计理论、教育传播理论、首要教学原理、活动理论以及创造教育理论等。

3. 应用性

混合学习实践起点则源于企业培训，最先在企业中得以应用。采用混合学习的方式，在一定程度上可以减少成本的投入。与单纯的课堂面授教学、单纯的远程在线学习相比，混合学习是最有效的学习方式。大量的研究和试验表明混合学习在学校教学、教师培训以及企业员工培训等方面的运用，确实增强了教学效果，改进了培训投入—产出比，提高了学习者的满意度。

4. 发展性

"混合学习"模式的发展性也主要体现在两个方面：一是"混合学习"理论的内涵将会得到不断的充实和完善，混合学习的模式和方法将会越来越多样化，混合学习涉及的内容（主要是课程）将会越来越广，其趋势将遍及所有课程，将会打破语言和地域障碍，精品的学习资源将逐步实现全球共享；二是"混合学习"理论的应用将不断深入，会有越来越多的人、学校、企业、机构、国家等参与其中。混合学习的不断发展在一定程度上会大力促进教育的国际化和全球化。

混合学习的发展使其内涵也越来越广泛，主要包括：混合在线与离线学习、混合自定步调与实时协作、混合结构化与非结构化的学习、混合学习实践和绩效支持、混合多种教学资源、混合多种环境、混合多种学生支持服务。混合学习过程更强调教师主导作用与学生主体地位的结合，其关键是对媒体的选择与组合。下面主要以翻转课堂教学模式来说明混合教学模式的基本程序。

二、混合学习教学模式的典型模式——翻转课堂教学模式

（一）翻转课堂教学模式的起源

翻转课堂（the flipped classroom）教学模式是美国曾获得"数学和科学教学卓越总统奖"的乔纳森·伯尔曼（Jon Bergmann）和亚伦·萨姆斯（Aaron Sams）两位优秀教师开创的，是打破现有教学模式的一种创新模式，是颠覆传统课堂教学模式的有效尝试。

一直以来，在科罗拉多州落基山的一个山区镇学校"林地公园高中"普遍存在的问题之一是：许多学生由于各种原因时常错过了正常的学校活动，且学生把过多的时间花

费在往返学校的巴士上。这样导致很多学生由于缺课而学习跟不上，直到有一天情况发生了变化。在 2007 年春天，学校化学教师乔纳森和亚伦开始使用屏幕捕捉软件录制 PowerPoint 演示文稿的播放和讲解声音。他们把结合实时讲解和 PPT 演示的视频上传到网络，以此帮助课堂缺席的学生补课。更具开创性的一步是，他们逐渐以学生在家看视频听讲解为基础，开辟出课堂时间来为完成作业或做实验过程中有困难的学生提供帮助。不久，这些在线教学视频被更多的学生接受并广泛传播。

（二）翻转课堂的概念

所谓翻转课堂，就是教师为每天教学课准备若干分钟（一般 5~15 分钟）的在线视频，学生在家中或课外观看视频中教师的讲解，然后回到课堂上师生面对面交流讨论和完成作业或任务的这样一种教学模式。

需要强调的是，翻转课堂不是在线视频的代名词。翻转课堂除了教学视频外，还有面对面的互动时间，与同学和教师一起发生有意义的学习活动。翻转课堂不是视频取代教师，不是在线课程，不是学生无序学习，不是让整个班的学生都盯着电脑屏幕，不是学生在孤立地学习，而是一种增加学生和教师之间的互动和个性化的接触时间的手段；是让学生对自己学习负责的环境；是混合了直接讲解与建构主义的学习；是即使学生课堂缺席，也不会被甩在后面的课堂；它使课堂的内容得到永久存档，可用于复习或补课；是所有的学生都积极学习的课堂；是让所有学生都能得到个性化教育的课堂。翻转课堂中老师是学生身边的"教练"，不是在讲台上的"圣人"。

（三）翻转课堂的实施

翻转课堂一般应创设两个基本环节。

1. 创建教学视频

首先，应明确学生必须掌握的目标，以及视频最终需要表现的内容；其次，收集和创建视频，应考虑不同学生和班级的差异；最后，在制作过程中应考虑学生的想法，以适应不同学生的学习方法和习惯。

2. 组织课堂活动

教学内容在课外传递给学生后，那么课堂内更需要高质量的学习活动，让学生有机会在具体环境中应用其所学内容；可以让学生创建内容，独立解决问题；更可以进行探究式活动，基于项目的学习；等等。

（四）翻转课堂教学模式背后的学习理论

翻转课堂教学模式并非源自新的教育和学习理论，其仍然采用的是为广大教师所熟悉的掌握学习法。

掌握学习法是本杰明·布卢姆创立。布卢姆认为只要提供最佳的教学条件、足够的学习时间，学生的成绩将不是正态分布，绝大多数学生会掌握学习任务，获得良好成绩。实验结果也的确是这样，掌握学习，就是学生按他们自己的节奏学习课程，当他们完成一个单元,他们必须证明已学到了内容,采取的方式是通过"退出评估"——包括实验室和书面测试。如果学生在这些退出评估中得分低于85%,他们必须回去,重新学习他们错过的概念,并再次参加考试。学生的成绩不再是由预想的比例决定,而是他们已经掌握了多少内容。

看似完美的模式,在实际运作中却不尽如人意。原因在于群体教学模式还顽固地存在着,所以学生不可能按自己的时间和节奏进行学习,必须跟上班级群体教学进度。

鉴于此,现行的教学策略采取群体教学与掌握学习结合的方式——群体学习并辅之以每个学生所需的频繁的反馈和个别化的矫正性帮助,反馈通常采取形成性检测的方式揭示学生在学习中存在的问题,再通过个别化辅导协助学生矫正错误,达成学习目标。不过这种策略在课堂教学实际运用中已是面目全非,即注重群体教学和目标检测,缺少了个别化辅导矫正,导致学习效果大幅倒退。

而现在流行的翻转课堂,能够使真正的掌握学习这一目标在21世纪的学习中得以实现,处理得当甚至可以利用科技实现翻转课堂的一对一学习。

(五)翻转课堂教学模式的特点

翻转课堂还有很多名称,如颠倒教室、翻转教学、颠倒课堂、翻转学习等,其实意思都一样。目前,翻转课堂还在快速发展和完善中。不管怎样,引入翻转课堂实践的学校越来越多,翻转课堂也正在给教育带来颠覆性的变革,翻转课堂彻底改变了学习。

1. 让学生自己掌控学习

翻转课堂教学模式,是利用教学视频,学生能根据自身情况来安排和控制自己的学习。学生在课外或回家看教师的视频讲解,完全可以在轻松的氛围中进行;学生观看视频的节奏快慢全在自己掌握,可以反复观看,也可停下来仔细思考或笔记,甚至还可以通过网络向老师和同伴寻求帮助,进而允许学生按照自己的进度安排学习和完成与之匹配的作业。

2. 增加学习中的互动

翻转课堂最大的好处就是全面提升了课堂的互动,具体表现在教师和学生之间以及学生与学生之间。

翻转后,教师的角色已经从内容的呈现者转变为学习的教练,这让教师有时间与学生交谈,解答学生的困惑,参与学习小组讨论,或与学生进行一对一的交流,也可以把有相同疑惑的学生聚集在一起进行小型讲座或演示,及时给予指导。显然,教师比以往任何时候更有时间与学生互动。

与此同时,学生之间的互动也比以前多了。在教师忙于与某部分同学对话时,学生可以即兴发展起他们自己的协作学习小组,学生们彼此帮助,相互学习和借鉴,而不是依靠教师作为知识的唯一传播者。

翻转课堂无形中形成了一种学习文化,那就是学生们不再把学习当做完成任务,而是一件自我需求且有意义的活动。

3. 教师更了解学生，更有机会和时间帮助各种原因造成学习困难的学生

翻转课堂能为各种原因不能正常上课的学生提供帮助和学习机会。其巨大的灵活性让他们自主安排忙碌的时间——可以提前学习或事后补课，做到课程和活动两不误。而课堂上，教师的时间被释放，可辅导每一位有需求的学生，尤其是学习有困难的学生。

4. 教师与家长的交流更深入

翻转课堂改变了教师与家长交流的内容。传统教学中，家长关心的最多的是自己孩子在课堂上的表现。例如，其是否安静地听讲，行为恭敬，举手回答问题，不打扰其他同学。而在翻转课堂中，家长关心的真正的问题转变为孩子们是否在学习。如果他们不学习，家长和教师可以更好诊断孩子不学习的原因，并共同创建一个适当的环境来实施必要的干预，或做些能帮助他们学习的事情。如何把学生带到一个环境，帮助他们成为更好的学习者，是家长和教师共同关注的深层问题。

（六）翻转课堂实施过程中需要的环境支撑

1. 学校作息时间安排问题

（1）实施翻转课堂，学生需要在课后花费大量时间，因此需要学校在教学时间安排上予以支持。

（2）在翻转课堂的教学中，教师不应占用学生大量的自主学习时间，应该给予其充分的时间观看教学视频并进行积极自我思考。

2. 学科的适用性问题

为了适应财务管理类专业特点，在开展翻转课堂时，需要注意提高教学录像的质量，引起学生的思考。通过教学录像概括课程中所讲授的基本知识点、阐述相关理论，让学生在课后查阅资料并进行思考，然后在课堂中与教师、同学进行交流探讨，逐步深化理解。

3. 强化教学过程中信息技术的支撑

翻转课堂的实施需要信息技术的支持。从教师制作教学视频、学生在家观看教学视频到个性化与协作化学习环境的构建都需要现代信息技术的支持。

网络速度较慢是当今制约众多学校开展网络教学的负面因素之一。在实施翻转课堂教学时，学校要通过各种途径解决这一问题，如配置高性能服务器、增大网络宽带的接入量。学生在课后是需要通过电脑和网络进行学习的，对于一些缺乏硬件条件的学生，学校应该提供相应的设备支持，如学校机房应在课余时间内仍对学生开放。

翻转课堂教学实验的学校需要给授课教师提供技术上的支持，并在制作授课录像过程中形成流程化的发布范式，为后续教学视频录像提供经验。

翻转课堂成功与否的一个重要因素在于师生、生生之间的交流程度。利用信息技术为学生构建个性化与协作化的学习环境至关重要，这就需要教学平台的支持。平台作为交流工具，教师可以根据自己对教学活动的设计选择不同的课程平台。

4. 教师专业能力的支持

在翻转课堂的实施过程中，教学录制视频的质量、学生进行交流的指导、学习时间的安排、课堂活动的组织，以及模式的高效应用上，教师专业能力的强弱都起着至关重要的作用。翻转式教学模式对教师的要求主要有以下几方面。

（1）要教会学生利用自由支配的时间。给学生提供自由支配的时间，并不是说让他们有可能爱干什么就干什么，而是要成为学生的智慧、情感和全面发展所需要的，必不可少的时间。

（2）要使知识"活起来"。应努力做到，使知识既是学习的最终目的，又是获取新知识的手段或工具。

（3）让学生进行独立的思考，发展学生思维。教师越是善于给学生的思维活动赋予一种解决任务的性质，那么他们的智慧力量就越加积极地投入这种活动，障碍和困难就暴露得越加明显，从而使脑力劳动成为一种克服困难的过程。再者，教师要善于将现在学习和即将学习的东西，变成学生乐于思考、分析和观察的对象。

第三节　杜郎口教学模式

杜郎口教学模式（Du Langkou educational model），是杜郎口中学课堂教学模式的简称，是指山东省杜郎口镇中学践行学生主体地位而摸索新创的"三三六"自主学习的高效课堂模式。

一、杜郎口教学模式的思路和理念

（一）模式创设理念

杜郎口课堂教学模式基于"教育即解放，释放人的潜在能力，挖掘人的创造力，促进人的全面发展"的认识，以"以人为本，关注生命"为基本教学理念，继而提出"为学生的生命质量负责，为学生的终身发展负责"，"一切为了学生的发展，一切适应学生的发展，一切促进学生的发展"的根本理念；以"快乐学习，幸福成长"为教学宗旨；以"人人参与，个个展示，体验成功，享受快乐"为课堂主题，达到激活思维、释放潜能、自主学习、个性发展的教学意图，最终培养具有自主自信、自强不息、勇敢有为、探索创新精神的，具有团结合作服务奉献品质的现代社会人才。

（二）杜郎口教学模式的教学观

（1）教是为了不需要教，由一个人的积极性，变为几十个人的积极性，以把学习变成学生自己的事情为教学要求，实现学生、教师、课堂的转轨。

（2）该模式的理念是："给我一次机会，还您一份惊喜"；"我参与，我快乐；我自信，我成长；在参与中快乐，在快乐中幸福，在幸福中成长；变苦学为乐学，变乐学为会学，变会学为愿学"。

（三）预期实现的学生、教师及课堂的转轨目标

杜郎口教学模式旨在将学生、教师及课堂的角色重新界定。其基本目标体现为以下三个方面。

（1）学生要由接受知识的容器变为有自主人格的人；由对考试的准备变为对人生的理解；由对知识的背记变为规律的总结；由内向羞涩变为勇敢大方；由自私变为公益。在杜郎口教学模式下，黑板是学生的，甚至地板也是学生的（大片大片地写出来交流）；讲台是学生的，甚至整个讲解过程都是学生的；学习知识的初始权是学生的；疑难问题的发现权也是学生的。

（2）教师要由主演变为导演，由传授者变成策划者，由师长变为朋友，由老师变为学生，真正退居二线以纠偏、点评、总结或释难。

（3）营造真正"三动"的课堂，即动脑（预习阶段）、动手（展示阶段）、动口（交流阶段）。课堂要由一言堂变为百家鸣，单纯知识型变为知识能力情感型，唯一答案、标准答案变为多种解答，整齐划一变为灵活多变，精英式变为大众化，死记硬背变成体验感悟，听、说、读、写深化为演、唱、画、作，接受式变为探究式，安分守己变为超市式自选。

二、杜郎口教学模式的教学原则

1. 民主性

教师不是高高在上的知识的统领者，也不存在话语霸权和课堂专制，有的只是平等的人格，学习的伙伴。以相信学生、发动学生、激活学生、发展学生为宗旨，学会对话、商量、征求甚至请教、道歉。高举尊重大旗，实施感动教育，创设民主、宽松、自主、和谐的良好环境。

2. 问题性

问题造就磁力，问题是具有吸引性、竞争性、探究性、创新性、实践性的，是学生学习知识，训练思维，增长智慧，培养能力，造就人格的基本组成部分。教学的基本前提是让学生发现问题、提出问题、分析问题、研究问题、讨论问题、解决问题。学生在解决问题中产生兴趣、动力。

3. 创新性

培养学生的自主探索的精神，尊重他们的奇特思维，引发他们的求变、求异、求新、求奇的内驱力，营造一种标新立异、创新超凡的竞争氛围。

4. 拓展性

以教材为例子，要注重知识的源头、过程、联系、结合，以本节知识为核心做好辐

射与延伸，引发学生联想，构建网络，形成知识综合体。

5. 尝试性

高明的教师引导学生走路，笨拙的教师牵着学生走路，无能的教师代替学生走路。教学中最重要的是放手，让学生亲身感受、体验、分析、总结。懒惰是培养出来的，哪里有事无巨细，越俎代庖的人，哪里就有快乐的懒汉和庸人。

6. 实践性

学习切实注意联系实际，运用活生生的事例，学生的生活经历及听到、看到的事件来促进学生理解、剖析、归纳、总结、把握事物的本质。要注重学生动手能力的培养，听来的容易忘，看到的记得牢，做过的学得好。

7. 技巧性

任何事物都有其内在的特点、规律，学习过程中要善于发现、总结知识内在的技巧，分清层次，记住要点，善于总结，纲举目张，上课不是死记知识，而是找方法、寻规律、抓特征。

8. 全员性

不搞精英教学，对每一个学生负责，尤其对薄弱生要倍加关爱，尽最大可能提供方便、机会，让其展示自我，树立信心，培养其勇敢精神和竞争意识，分层次教学，合理安排不同任务，逐渐缩小优弱差距，力争让最后一名也能成才。

9. 主体性

把学习的权利，学习的空间，学习的机会，学习的快乐还给学生，教师扮演的是引导者、组织者、调控者，而不是主讲者、解答者、操作者。学生是课堂的主人，让他们当好竞技者、表达者、展示者。

10. 合作性

师生、生生、组生、组组、优弱加强合作，互补共赢，相互点评、指正、借鉴、补充、心灵碰撞、人格感染、智慧启迪。

三、杜郎口教学模式的基本内容

杜郎口教学模式主要变革在课堂，是一种有效的课堂模式。具体来讲又称为"三三六"模式或"10+35"模式。"三三六"分别指课堂自主学习的三个要求，即立体式、大容量、快节奏；自主学习三大模块，即预习、展示、反馈；课堂展示的六环节，即预习交流、明确目标、分组合作、展现提升、穿插巩固、达标测评。

所谓立体式就是教学目标、任务是新课程要求的三维立体式，将学习任务分配给每个同学、每个小组来完成，充分调动每个学生的主体性，发挥每个小组的集体智慧，展示模块就会有不同层次、不同角度的思考与交流。

所谓大容量就是以教材为基础进行拓展、演绎、提升，通过各种课堂活动形式展现，如辩论、小品、课本剧、诗歌、快板、歌曲、绘画等。

所谓快节奏就是在单位时间内，紧扣学习目标和任务，通过周密安排和师生互动、生生互动，达到预期的效果。

预习模块主要任务是明确学习目标，生成本课题的重点、难点，并初步达成学习目标。

展示模块的主要任务是展示、交流预习模块的学习成果，并进行知识的迁移运用和对感悟进行提炼提升。

反馈模块的主要任务是对前面的课进行反思和总结，对预设的目标进行回归性的检测，本环节尤其突出"弱势群体"，让学生说、谈、演、写，进一步检查落实情况，达到三维目标。

所谓的"10+35"，是指这种自主学习模式以学生在课堂上的自主参与为特色，课堂的绝大部分时间留给学生，老师仅用极少的时间进行"点拨"。一般情况下教师讲解要少于10分钟，学生活动则大于35分钟，即"10+35"；抑或教师基本不讲，时间全留给学生，即"0+45"，以充分引导学生，营造以学生自学为主，以学生为主体的课堂氛围。

四、杜郎口教学模式的具体课堂流程

（一）预习课

预习课是杜郎口教学模式的预习模块，是教育教学的重要起点。一般来讲，没有预习的课不准上；同样，没有预习好的课也不能上，预习要至少占到课堂的70%。

在预习课中，教师首先分发预习学案，学案的内容包括预习重难点、预习方法、预习提纲、预习反馈、预习小结等，在课堂中的一般操作程序如下。

第一，给学生5~7分钟的阅读文本知识的时间，在阅读文本知识的时候，教师可以引导学生利用多种不同的形式，如自己独立阅读，结对子比赛读，小组讨论交流，可以在自己的位置上读，也可以到黑板上把重点知识标注下来，还可以到教室外面去，几个同学在一块阅读交流，还可以到其他小组去，甚至有的同学利用教室内的多媒体上网查阅资料，利用图书室的图书查阅资料等。

第二，小组长带领组员进一步细化预习提纲上的知识点，并对课本上的疑难问题进行解疑，教师穿插其中，解疑解惑，指导学生。学生也可以自由发言，向同学、老师提出不同的问题，师生共同解答大约5分钟的时间。

第三，结合预习提纲，教师分配学习任务，为下面的预习展示做准备，大约3分钟的时间。

第四，学生以组为单位，把自己组分配到的任务进行文本知识的讲解、分析、拓展，学生点评，教师点评大约15分钟的时间。

第五，学生做一些典型题目进行预习反馈，反馈一般以题目的方式进行，可分为基础闯关和能力升级两部分。学生可以到黑板上板书，也可以是小组长进行抽查、教师抽查等，并及时公布反馈的结果，对个人、小组进行评比，一般用5~7分钟时间。

第六，课堂小结。学生自由发言，说出自己在本节课中的收获，还可以提出不同的见解，发表不同的看法，师生共同互动。

第七，教师综合学生在本节课的知识掌握情况，对下一节课的内容提前做好预设。

（二）展示课

展示课就是展示预习模块的学习成果，进行知识的迁移运用和对规律进行提炼提升。

在展示内容的选取上，简单的问题不展示，无疑问的问题不展示，展示的是重点问题，难点问题，有争议的问题，一题多解的问题，能拓展延伸、提高学生能力、开发学生潜能的问题，体现在预习提纲上的多数是能力升级中的问题，也就是说，展示的问题不是预习提纲中的所有问题，而是选取有价值、有代表性的问题进行展示。

展示过程一般通过六个主要环节来完成的。

第一，预习交流（1~2分钟）。目的是巩固解决问题所运用到的知识点，为学生顺利地完成本节课的任务扫清知识上的障碍，一般通过学生交流预习情况，明确本节课的学习目标。

第二，确立目标（1分钟）。基本知识巩固之后，教师据此说出本节课的目标和重难点，展示课上的目标与预习课上的目标不完全相同，展示课上的目标除了基本知识与基本技能之外，更侧重的是规律和方法的总结，以让学生形成技能和技巧。

第三，分组合作（6~8分钟）。教师将本节课需要展示的问题分给六个组，然后每个组长负责再将任务分给组员，组员分工合作，一般分配原则是：中下游学生讲解、分析，优生点评、拓展，学会分析题目的重点、难点及涉及的知识点。在这个环节需要注意的是：①各组任务尽可能的均衡，每个小组分配任务的多少应根据题目的难易来确定，如果此题目有不同的做法，或能够根据此题目进行拓展或延伸，或能够进行变式训练，一般是两组一题，如果题目涉及的知识点较少，规律和方法较少则一组分一个题目。②明确完成任务所需的时间，有时间限制，学生就会有紧张感，行动起来会迅速一些，在课堂中经常采取评比、报道的方式，根据各组同学完成任务的快和慢，版面设计的美观情况对各小组进行排序，并加相应的分数，如10分、8分、6分、4分、2分、0分等。

第四，展示提升（20分钟）。通过分组合作对问题的再交流，学生对本组的问题进一步的理清思路，加深了理解。展示的过程是：一般是从一组开始，到六组顺次展示，也可以从六组开始，对题目进行讲解、分析，其他同学进行点评，说出此题所运用到的知识点、解题关键点、易错点、总结的规律，或由此题进行知识拓展、变式训练等，学生也可以提出自己的疑问，其他同学或教师给予解答等。

在实际操作中，为了增强学生展示的积极性、主动性及精彩性，教师通常采取各种评比方式，如小组内全员参与的加5分，有开场白、过渡语的根据精彩性加5~10分，能主动参与其他组的分析、点评的加10~20分，能利用不同形式如顺口溜、小品、歌曲等加20~30分等。最后，根据各小组的得分进行排序，教师及时进行点评、表扬或鼓励。

第五，穿插巩固（3分钟）。学生展示完后，给学生几分钟的时间对自己组没有展示的题目进行疑难交流，重点是小组长对组员进行帮扶或检测。

第六,达标测评(5分钟)。达标测评可以是学生谈收获,大致内容为"通过本节课,我学到了什么,还有什么问题,向其他同学请教"等,也可以是教师根据展示情况设置几个题目或问题进行单独抽测并及时反馈课堂效果。

(三)反馈课

新授课的反馈,一般当做下一节预习前的一个环节,教师抽取上一节课展示不理想或重难点题目,反馈偏科生及待转化生的掌握情况,也可选取与其相类似的题目,考查学生的迁移运用能力,目的是查缺补漏,促进提高,是促优补差的一种好方法。做好反馈课特别要注意相邻学生之间不完成相同的题目。各小组长在黑板上对自己组的板演同学分板块进行指导,随时发现问题、解决问题,并在学生反馈完后,点评自己组员的板演情况,教师对于出错多的共性问题进行点评、强调,并根据学生的实际情况或进一步训练、强化一节课,或进入下一节课的预习。

五、杜郎口教学模式的实践特点

(一)关注全体学生的生存能力

注重培养学生良好的学习习惯、学习能力,帮助学生建立明确持久的学习动机,引领学生掌握科学的学习规律和学习方法,养成良好的阅读习惯、书写习惯、语言习惯等,达到知识和能力的共同进步,提高学习效率,培养学生的生存能力。

(二)关注全体学生的生存状态

教学改革关注学生的情感、心灵,让学生学得主动、生动、灵动,有真情、真趣、真意,让学生的生命充满生机与活力,真正能够确立学生在学习生活中的主体地位,不断唤醒学生蛰伏的主体意识,形成持久的情感内驱力,从而有利于其个体的自我学习、自我发展、自我实现。

(三)关注全体学生的生命价值

宽容和鼓励学生不合常规的课堂表现,鼓励学生大胆质疑,不唯师、不唯书、不迷信权威,培养学生思维的广阔性、灵活性与独特性,最终实现提升学生创新品质的目标。改革立足于其个体的自我学习、自我发展、自我实现。

六、杜郎口教学模式实施过程的技术支撑

(1)预习(或自学)是最重要的环节。学生没有预习的课不准上,学生预习不好的课不能上。预习就是正课,自学就是正课。

(2)先学后交,当堂达标。"先学后交"与"先学后教"音同字不同,"交"是更宽泛的"教",体现了合作学习、交流学习、交叉学习。

（3）课堂结构布局合理。一般情况下，教室可以方阵式排位，四桌八人一组，没有散兵游勇，没有孤兵作战，没有"独立思考"（开小差），且平行分组，均衡搭配。

（4）增强课堂目标性。有预设目标，有预习提纲，并要体现教学目标的精髓。

（5）做出直接、明确的课堂评价。如用"举手积极、声音洪亮、辩论热烈、争问抢答、多种角度、创新实践""敢问、敢说、敢爬黑板（敢在黑板上写出自己的想法）、敢下桌讨论"为标准来评价，也可用学生每节课参与的人次数（参与度）来评价本节课。

（6）辅以为学生建立"一帮一"学习制度。共同捆绑记分形成"共同体"，考试时看二人的平均分，组与组之间看小组平均分，有效地缩小好学生、学困生之间的差距，调动他们的积极性。

第四节 理实一体化教学模式

理实一体化，即将教学的场所转移到实习单位或实际的工作场所，在同一时间、地点上进行理论课程和实践课程的教学，抽象的理论和直观的实践相结合，理论和实践同时进行，互相渗透，理实一体。

一、理实一体化教学模式的内容

理实一体化教学模式把一系列教学任务（或项目、或情景等）有机地结合在一起，做到理论与实践有机结合，利用现代的先进教育技术，把教学理论与学生的实验、实训等教学工作进行一体化的组合，做到教师的知识传授与学生的动手实训等一体化完成，课堂理论教学与实训基地教学等相关教学资源一体化，知识与能力要求一体化，最终做到理论与实践教学模式一体化，真正融知识灌输、能力训练、素质提升为一体的先进教学模式。这种教学模式能做到理论与实践在时间、空间上同一，认识过程同步，认识形式交错。

（一）理实一体化教学模式理论基础

理实一体化教学模式是中等职业学校采用的比较常见的教学模式。该模式打破理论课、实验课和实训课等课程的学科界限，把相关知识按学习任务进行了集中，将课程的理论教学、实践教学、生产、技术服务融于一体。"在干中学，在学中干"，解决了理论教学的枯燥无味、死板难学、交叉重复等问题，解决了实习教学中与理论脱节、随意性大等问题。以一个个小的工作任务为起点，逐层渗透，逐步加大难度，最终，学生可以具备所学岗位知识实际运用的能力。

（二）理实一体化教学模式实施条件

1. 师资队伍建设

实施理实一体化教学，任课教师应具有较扎实的专业理论功底，具有较熟练的实践技能和有关理实结合的教材分析及过程组合的能力。教师既是传统意义上的双师型人才，更要具有创新综合能力，才能有效控制教学过程，做到有求必应，有问必答，融会贯通，使教学工作顺利展开。教师可根据中等职业学校理实一体化教学凸显形象思维教学的特点，结合生产教学实际，对原版教材按任务教学的要求进行必要的舍弃，抛弃那些烦琐冗长的理论和计算，编写出贴近学生实际，浅显易懂，简洁明了，易于让学生操作的教材。

2. 教学环境建设

在传统学科课程体系中有多种独立的教学场所，每一教学场所只具备单一功能，学生在各种教学场所中"赶场"，无法实现理论和实践的结合。理实一体化学习地点，不需要再明确划分理论学习和实践学习，而是合二为一。例如，可以做如下安排：①学生按小组就座，既可以单独完成学习任务，又可以小组作业形式共同完成学习任务。②学生不一定在相同时间里做同样的事情，可根据自己的情况决定学习进度。③学生可以和教师一样在教室里活动，具有更多的活动空间。④教师的高度集权被打破，师生之间具有更为融洽的伙伴式关系，可以最大限度地调动学生的积极性。

教学环境可以划分为理论教学区、小组工作讨论区、资料查询区、实验区和实操区等。理论教学区的配置同现有的多媒体教室大体相同，可以对全班进行理论课的授课。不同的是增加了移动式视频摄录设备，教师可以将演示实验投影到银幕上。小组工作讨论区可以相对分隔，也可以围绕某一实验台就座，形成相对独立的讨论小组，共同完成项目方案的讨论和制订。资料查询区应配备连接互联网的通用计算机，同时该区域还应配备常用手册、图册、计算工具、作图工具等传统的陈列柜。对于实验区和实操区，有条件的最好每个学生都设置一个实践岗位，考虑到资金因素，至少要求达到按小组分配一个操作实验台。

3. 工学结合、校企合作

工学结合、校企合作在我国教育发展过程中是有着历史传统的。我国古代职业教育的主要形式是学徒制，注重学生在实践中学习；近代的实业教育也强调工学并进。德国的"双元制"实质上就是工学结合、校企合作。澳大利亚、美国、加拿大以及韩国等较为成功的职业教育模式的共同特点之一也是实行工学结合、校企合作。具体包括课程开发、教材编写、工学结合、实训基地建设、师资队伍建设等方面的校企合作。

（三）理实一体化教学模式的特点

理实一体化教学模式，即理论与实践一体化教学模式。这种教学模式突破了传统教学模式中的理论与实践相脱节的现象，教学中的各个环节相对集中。强调充分发挥教师的主导作用，通过设定教学任务和教学目标，边教、边学、边做，全程构建素质和技能培养框架，丰富课堂教学和实践教学环节，提高教学质量。在整个教学环节中，理论和实践交替进行，直观和抽象交错出现，没有固定的先实后理或先理后实，而理中有实，实中有理。突出对学生动手能力和专业技能的培养，是充分调动和激发学生学习兴趣的一种教学模式。

理实一体化教学模式的特点，是将教、学、做相互穿插于教学的整个过程，学生不断地在学与做中总结经验，教师在整个过程中不断地讲解、演示与指导，最终达到预期的教学效果。具体步骤是：首先，教师通过口头语言向学生描绘情境、叙述事实、解释概念、论证原理和阐明规律。其次，教师以具体操作或多媒体示范内容为范例，使学生了解所学操作的形象、结构、要领的过程，同时运用错误操作的演示来帮助学生了解操作中可能产生的问题，改进技术操作方式。教授的操作演示灵活简便，真实感强，调节度高，针对性强，运用范围广，直观效果好。再次，由学生动手操作，完成学习的任务及学习目标，教师在旁观看与指导，当发现问题时，可以由学生演示操作再由教师演示操作，让学生从教师的示范性操作中，总结出现各种问题的原因，掌握正确的操作步骤和方法。最后，再由学生自己独立完成操作，这样就能很好掌握相关的教学内容。

理实一体化教学模式使理论教学与实践教学交互进行，融为一体。一方面，提高理论教师的实践能力和实训教师的理论水平，培养一支高素质的师资队伍。另一方面，教师将理论知识融于实践教学中，让学生在学中干、在干中学，在学练中理解理论知识、掌握技能，打破教师和学生的界限，教师就在学生中间，就在学生身边，这种方式可大大激发学生学习的热忱，增强学生的学习兴趣，学生边学边练边积极总结，能达到事半功倍的教学效果。

二、理实一体化教学模式的典型模式——行动导向教学模式

行动导向教学模式是从激发学生的学习兴趣入手，合理地引导学生自主学习，运用行动导向的教学方法，使学生真正地参与到学习中来，从而训练出具有专业的综合性职业能力的技能型人才的教学模式，是较为典型的理实一体化教学模式。

（一）教学目标

行动导向教学的目标是提高学生的综合职业能力，即培养学生胜任社会生产、服务管理某一个职业岗位所需的综合职业能力，包括以下几方面。

（1）专业能力是指从事专业工作所必需的技能与相应的知识，是学生毕业后胜任专业工作的能力和走向社会赖以生存的本领。

（2）方法能力是指掌握从事职业工作所需要的工作方法和学习方法，包括制订工作计划、协调计划以及对自己的工作成果进行评价，在工作中努力学习新知识并具有技术创新的能力。

（3）社会能力是指在工作中的学习积极性、独立性和与他人交往的能力，以及职业道德、社会责任感、组织表达、勇于承担责任和社会参与能力。

在一堂课的教学中，要实现对学生综合职业能力的培养，其教学内容必须是理论与实践一体化。综合职业能力应是通过相互融合和相互渗透培养出来，各种能力不能是在彼此割裂的状态下独自培养。因此，教师在采用行动导向教学时，要围绕综合职业能力的构成制定教学目标，不仅要清楚地描述专业知识和专业技能方面的目标，通过行动导

向开展教学，也要明确地指出学生的哪些关键能力需要锻炼和提高。

需要特别强调的是，在行动导向教学模式的实施过程中，教师对教学目标的追求，不是把现成的知识、技能传递给学生，而是让学生在教师的指导下寻找达到这个目标的途径，最终通过自身的努力学习取得理想的结果。在此学习过程中，需要着重培养学生的专业能力、方法能力和社会能力。这三个维度的能力彼此联系，相互作用，共同构建学生全方位的综合职业能力。

（二）行动导向教学模式的特点

行动导向教学模式是以"行动导向驱动"为主要形式，在教学过程中充分发挥学生的主体作用和教师的主导作用，注重对学生分析问题、解决问题能力的培养，从完成某一方面的"任务"（或项目）着手，通过引导学生完成"任务"，从而实现教学目标。从学生接受知识的过程看，知识来源于实践，在实践中得到感性认识，经过反复实践才能上升到理性认识，并回到实践中去。行动导向教学模式要求教师在教学中要把大任务分解成小任务。教师要分层次地给学生下达行动导向。教师下达给学生的行动导向过于容易，学生会认为没有挑战性，从而失去兴趣；教师下达给学生的行动导向如太难，学生又会产生自卑心理，从而失去学习的信心。因而教师应在实际的课堂教学中，根据学生的实际情况，分配不同层次的行动导向，让不同学情的学生都尝到成功的喜悦。

行动导向教学模式的特点是强调师生的互动，在教学中不断地给学生下达适合学生的行动导向，使学生在感悟成功的基础上获得知识。教师的行动导向应根据学生的不同而灵活掌控，做到难易适中。行动导向教学模式，能让学生即学即用，激发和培养学生的学习兴趣。采用行动导向教学模式，可以变抽象为具体，变枯燥为有趣，让学生乐于去操作、掌握。当学生完成了某一任务后，内心就会产生一种成就感，一种喜悦感，一种冲击力，这种力量不仅增强了学生的自信心，还提高了学生学习知识和技能的兴趣。"任务"贯穿始终，让学生在讨论任务、分析任务、操作完成任务的过程中顺利建构起知识结构。因材施教，突出培养学生的实践能力和创新能力。

（三）教学评价

行动导向教学评价应既关注行为产品的质量，也关注学生在行动过程中的具体行为表现和学生综合职业能力的培养与提高。因此，行动导向教学的教学评价的方式和主体应该是多元化的，评价内容和过程应该是开放的和动态的，应该采取过程性评价与总结性评价相结合、质性评价与量性评价相结合的方法。评价主体有教师、同学、学生本人和企业人员；评价内容应既包括学生平时的行为表现、行为态度、行为产品的质量以及在行动过程中发生的变化，也包括学生在考核时的行为表现和精神状态以及考核结果的质量。

在设计行动导向教学的教学评价方式时，应该注意以下几点。

（1）对行动产品质量的测评要有可供参考的细化指标，包括量性评价和质性评价。

（2）学生参与评价标准的制定。

（3）对学生平时的行为表现、行为态度及行为变化过程的评价指标应该是开放的和动态的，即以过程性评价为主。

（4）教学评价的过程是信息反馈的过程，也是相互学习的过程，对教师和学生都具有督促作用，而不该给教师和学生带来负担。评价应在师生平等和谐的气氛中进行。

（四）保障条件

1. 教学资源

行动导向教学以构建主义的学习原则为基础，教师不再是知识与技能的传授者，更多的是作为教学的咨询者和课堂教学的主持者。教学重心从传统的教师的教转向了学生的学，教育为学习服务。在课程开发中，要按照行动导向教学观，以培养学生的综合职业能力为课程目标，依据职业工作过程构建新型职业教育课程体系，以工作过程各个环节设计课程内容，以工作过程为主线序化课程内容，沟通理论与实践，保障行动导向教学模式的构建。

2. 师资队伍

教师作为课堂教学实施的引导者，直接决定了课堂教学质量。职业教育的目标是培养学生的职业行动能力，让学生在"行动"中学习，为了"行动"而学习，因此，行动导向教学要求教师必须能够"行动"，需要教师具有相当的企业实际工作经历，熟悉企业工作环境和工作内容，在实施课堂教学时，不仅能结合行业和企业的岗位实际，设计学习任务，还要能以规范和娴熟的技能指导学生完成工作任务、获得职业能力。

3. 实训基地

实训基地建设是行动导向教学得以顺利实施的重要保障措施。职业教育教学要做到理论实践一体化，做到真正的行动导向，培养企业所需技能型人才，必须在职业院校内部建立真实或模拟仿真的企业工作情境，建立设备、设施完善的实训基地。

本 章 小 结

本章内容要求熟悉和了解财务管理类专业教学模式的相关理论知识；掌握理论和实践课程的常用教学模式；掌握理实一体化教学模式；熟悉理实一体化教学模式的典型模式——行动导向教学模式。

思考题

1. 教学模式与教学方法的区别与联系。
2. 有效的教学模式如何实施？
3. 理论课程、实践课程与理实一体化三种教学模式的特点与适用范围。

第五章　中等职业学校财务管理类专业教学设计

学习目标：
1. 掌握财务管理类专业教学目标设计的依据、方法及描述。
2. 掌握财务管理类专业教学任务的设计要素、原则及特定课堂教学任务的设计。
3. 掌握财务管理类专业教学环境设计的基本途径和方法。
4. 掌握财务管理类专业教学方法的设计与实施。
5. 熟悉财务管理类专业常见的教学媒体及其选用。

　　常言说，好的教学设计是教学成功的一半，教学设计是否合理直接关系到教学的成败。作为中等职业学校财务管理专业的教师，必须能够根据课程标准和教学内容及教学对象的特点，将教学诸要素有序安排，进行合理教学设计来达成教学目标，并培养学生分析、比较、综合、判断、推理、思考等各项能力。那么教学设计要考虑哪些要素，如何才能完成一个出色的教学设计呢？

　　教学设计是研究教学目标、制定教学决策的一种教学技术。中等职业学校财务管理类专业教学设计是针对财务管理类专业教学目标，在专业教学活动开展之前，以一定的教学理论、学习理论和传播理论为依据，对专业教学活动的各要素及各环节进行系统的分析和策划，以实现教学效果最优化的一种教学决策性活动。一般认为，教学设计具有以下特征。

　　（1）教学设计要遵循教学过程的基本规律，确定教学目标。

　　（2）教学设计是实现教学目标的策划性活动。教学设计一般以计划和布局为主要形式，是为达到一定教学目标而进行的具有创造性的策划。

　　（3）教学设计是以系统方法为指导。教学设计把教学过程各要素作为一个系统，分析教学问题和需求，确立解决的程序和方法，以便使教学效果达到最优化。

　　（4）教学设计是提高学习者获得知识、技能的效率和兴趣的一种技术过程。教学设计是教育技术的组成部分，它的功能在于运用系统方法设计教学过程，使之成为一种具有很强操作性的程序。

　　（5）教学设计最终落实到对教学活动过程的设计。我国目前正致力于探索新的教学过程模式设计，丰富教学设计的理论和实践。

　　中等职业教育财务管理类专业教学设计的主要内容包括教学目标设计、教学任务设计、教学环境设计、教学方法设计、教学媒体设计等。

第一节 教学目标设计

教学目标是预期的学生学习结果,即将外在的教学内容通过学习转化为学生内在能力的结果。它既是教学活动的起点,又是教学活动的归宿。在教学设计中科学、合理地确定好具体的教学目标,是保证教学活动顺利进行需要解决的首要问题。

教学目标设计从层次上来讲,包括课程教学目标设计、单元教学目标设计、课堂教学目标设计等,本部分内容主要是指课堂教学目标的设计。

一、教学目标设计的意义

教学目标在指引教学方向、指导教学效果的测量与评价、指导教学策略的选择和运用、激励学生的学习等多方面发挥着十分重要的作用。

(1)教学目标规定着教学活动的方向、进程和预期结果。教学目标是教师选择教学内容,运用教学方法、教学策略、教学媒体以及调控教学环境的基本依据。若缺乏明确的教学目标,教学将失去导向,可能因盲目而失效。

(2)教学目标是评价教学效果的基本尺度。教学目标具体规定着教学活动的预期结果和质量要求,是基本的评价尺度。缺少教学目标或教学目标不明确,都会给教学评价工作带来困难。

(3)教学目标是学习者自我激励、自我调控、自我评估的重要手段。教学目标明确了学生通过学习所要达到的具体目标,因而在学习过程中它可以有效激发学生学习的内部动力,增强学习的兴趣,并帮助学生不断调整学习方式,积极克服困难,努力达成目标。

二、教学目标设计的特点

概括来讲,中等职业教育财务管理类专业教学目标设计具有以下特点。

1. 教学目标设计的整体性

"知识与技能"、"过程与方法"以及"情感、态度与价值观"是财务管理类课程教学目标的基本构成要素,它们相互渗透、相互交融,共同构成一个有机整体。因此,在设计教学目标时一定要从整体出发,不能忽略任何一方面。

2. 教学目标设计的主体性

教学目标的设计要从学生的角度出发,以学生为主体。教学过程要体现出"以学生发展为本位",并由理念到实践的真正实施;教师角色要体现出由传授者变为参与者,由控制者变为帮助者，由主导者变为引导者的真正转变。

3. 教学目标设计的层次性

教学目标设计的层次性，是因材施教的基本要求。即使相同年龄，相同班级，但不同的学生却有着不同的知识结构、理解能力、学习方法、学习习惯及学习经验，这种差异是客观并普遍存在的。因此，教学目标的设计要考虑到学生个体的学习差异，必然会体现出一定的层次性。只有不同层次的教学目标才能有效调动全体学生的学习积极性，使目标实施到位。

4. 教学目标设计的可测性

教学目标作为衡量学生学习效果的基本标准，必须具有可测性，否则，就不能充分发挥教学目标的评价功能。因此，设计教学目标时要求目标陈述精确、标准、具体、规范。

5. 教学目标设计的动态性

教学目标是通过综合考虑各因素在上课之前制定的。目标的预设与具体教学活动的预设应尽量保持同步，并有动态调整的可能性。预设的教学活动随着教学过程的发展、变化，生成新的资源的可能性很大。课堂上，在师生教学双边活动中，常出现偏离原来教学目标的情形，此时，把课时目标做些微调，关注学生即时表现，加以适当影响、引导，既可帮助学生增长知识、提高能力，又能保护学生积极参与、主动探究的自主精神。

6. 教学目标设计的创新性

教学目标的设立要强调不断开拓学生的思维空间，发展他们的创造性思维能力。

三、教学目标设计的依据

教学目标是指导学生学习的路标，一旦确立了合理的教学目标，就会给教学活动以积极的影响，相反，不合理的教学目标可能会导致教学活动遭受挫折。财务管理类专业教学目标设计要以课程标准、教材和学生的实际为出发点。

1. 紧扣课程标准、教学大纲和教材制定目标

大纲和教材是确定教学目标的基本依据。因此必须认真学习并依据教学大纲，深入研究教材，准确把握知识系统和每单元的教学任务，制定出具体、可行的教学目标。

2. 考虑授课知识的类型及在知识体系中的地位和作用

在财务管理类专业教学内容中，不同类型的知识有不同的目标要求；而相同类型有不同的内容，也有不同的体系地位和作用，所应达到的目标层次也就不同。例如，基本概念、基本方法属于基本要素，是教学的重点，所应达到的目标层次一般比较高。

3. 依据学生的生理、心理特征及现有的知识水平

中等职业教育面向的是思维活跃，可塑性较强的青年，一定要考虑他们的生理、心理特点，分析他们的兴趣所在，情感态度价值取向，寻找与教学内容的结合点。学生现存的生活及学习状态也是制定教学目标的重要参照。学生现有的水平是教师进行教学的起点，对于教学目标的确定是十分重要的。另外，学生的个性差异也不能忽视。因此，在制定目标时，应准确把握教学要求，从实际出发，制定出符合学生年龄特征和接受能力的教学目标，既不能加重学生学习负担，违背教学中的量力性原则，又不能降低教学要求，挫伤学生学习的积极性。

4. 要依据教学目标分类理论提供的参照系和当地教学的实际水平

目标分类能提高目标在教学中的清晰度和可操作性，便于教师更好地依据目标指导教学，评价教学。

四、教学目标设计方法

（一）以"三维目标"为指导

三维是指"知识与技能、过程与方法、情感态度与价值观"三个维度。"过程与方法"是达成其他目标的桥梁、纽带，是学生获取知识与技能，以及形成正确的情感、态度与价值观的主渠道，是掌握科学的学习方法的途径。"知识与技能"是基础性目标，是过程与方法、情感态度与价值观的载体；"情感态度与价值观"是终结性目标，是掌握知识与技能、形成实效性过程和科学方法的动力，在探索知识和科学方法的过程中起到推动作用。三个维度是内在统一，相互交融，不可分割的一个有机整体。只是根据课程特点，侧重点会有所不同。因此，在设计教学目标时，应全面考虑三个维度，努力实现多维目标的整合。

（二）以学生发展为本

以学生的发展为本是教学目标设计的核心理念。教学目标设计要面向全体学生，着眼于学生的全面发展，尊重学生的个性差异，重视培养学生的完整人格。具体体现在：①进行教学设计时，要认真分析本课堂内容对促进学生发展的独特作用。要使知识的传授服务于促进学生有个性的、可持续的、全面的发展。②教师要有"全人"的观念。学生要全面的发展，知识与技能、过程与方法、情感态度与价值观三方面的整合，必须落实到每一部分内容上，使学生知识增长的同时获得人格的健全发展。③注重个性发展。每一个学生都是一个特殊的个体，在他们身上既体现着发展的共同特征，又表现出巨大的个体差异。要辩证地看待差异，把学生的差异作为一种资源来开发。所以，设计教学目标时要考虑到学生个体差异，设计出不同层次的、具有一定"弹性区间"的教学目标，使每一个学生都学有所得，得有所长。

（三）研究课标与教材，把握教学目标导向

教学目标设计必须以课程目标为导向，并结合教材内容，认真、准确地理解和领会，将单元目标合理分解并适当拓展为课时目标。

（四）教学目标要体现出对学习过程的评价

教学目标设计既重结果，更重过程。其重点是启发学生积极思考，引导学生主动探究。教学目标在设计上，要体现出对学习过程的评价，这样才能保护学生积极参与、主动探究的自主精神，真正体现学生的主体地位。

总之，教学目标的设计要从实际出发，要从促进学生发展的角度出发，体现出学生是教学活动的主体，教师是学生发展的促进者，并体现出对学习过程的关注和引导。

五、教学目标的描述

教学目标是可操作的、具体的、可检测的。教学目标要尽量用学生通过教学后所表现出来的可见性行为来描述。教学目标描述一般包括四个方面。

1. 行为主体

行为主体必须是学生而不是教师。在教学目标的陈述上，要站在促进学生发展的角度，体现出学生是教学活动的主体。多采用"学生通过……理解……""学生通过……懂得……""学生通过……体会……"的表达方法，体现出通过教学活动，学生得到怎样的发展，产生怎样的变化，为今后的学习或情感带来怎样的影响，突出学生在教学活动的主动地位。

2. 行为动词

行为动词必须是可测量、可评价、具体而明确的。在教学目标描述时尽量多使用学生可观察、可测量的行为动词。例如，用以表述"知道"这一目标的行为动词有"编制、算出、指出、填制"等；用以表述"理解"这一目标的行为动词有"依据、分类、归纳、举例"等；用以表述"应用"这一目标的行为动词有"列示、分析、预算"等。行为动词不明确，就无法进行评价。

3. 行为条件

行为条件是指影响学生产生学习结果的特定的限制或范围。一般对条件的表述有三种类型，即使用辅助手段或不使用、提供信息或不提供、完成行为的情境。以便设计教学目标时具体说明学生在何种条件下完成指定的操作，如"借助网络平台""无须参考资料的帮助""根据教材"等。清晰的行为条件将为评价提供参照的依据。

4. 行为程度

行为程度是指学生学习之后预期达到的最低表现水准。教学目标应指出学生应达到的最低表现水准，用以测量学习表现或学习结果所达到的程度，如"至少能做出""至少掌握""准确率百分之百"等。提供准确的行为程度，便于测评学生的学习效果。

六、教学目标设计的步骤

综上所述，教学目标的设计可以概括为以下几个基本步骤。

1. 钻研教学大纲，分析教材内容

认真钻研大纲，分析教材，做到能从整体上把握课程的基本结构，理清教材的知识体系。在此基础上，具体分析某单元的教学内容，找出其中的基本概念、基本原理和基本方法，确定教学的重点和难点，为建立教学目标奠定基础。

2. 分析学生已有的学习状态

在充分钻研教学大纲和教材内容的同时，教学目标的制定还要以学生的特点和已有的学习准备为基础。教学目标应该是在学生已有学习准备的基础上，经过学生的努力而能够达到的目标。对群体教学而言，全班学生普遍具有的学习准备状态和一些共同心理特征是确定教学目标时应考虑的主要方面，但与此同时，目标的设计也应充分考虑到学生的个别差异性，制定相应的发展目标，使每个学生都得到充分发展。

3. 确定教学目标分类

在完成上述两项基础性工作后，目标设计工作就进入了提出目标、确定目标分类的实质阶段。从不同角度和标准出发，对教学目标进行不同的归类。一般至少将教学目标分为认知、情感和动作技能三个领域，而每一个领域的目标又由低级到高级分成若干层次。

4. 列出综合性目标

完成目标分类后，设计者可用概括性术语先列出各类综合性目标，如"提高学生的阅读能力""培养学生对音乐的兴趣"等。综合性目标反映了对教学的一般要求，但往往还比较笼统，难以直接观察、测评。因此，在列出综合性目标后，还必须对它进一步分解，使之成为可操作、可评价的具体行为目标。

5. 陈述具体的行为目标

用能够引起具体行为的术语，列出一系列能够反映具体学习结果的教学目标来解释每个综合性目标，这些具体的行为目标是可以直接观察和测评的，它们能够解释学生达到目标的程度。

第二节 教学任务设计

一、教学任务概述

简单讲，任务是为达到某一具体目标而设计的活动。教学任务就是学习者为了达到一定学习目标所进行的，涉及信息理解与加工，解决问题，决策问题的一组相互关联的、具有目标指向的课堂交际或互动活动。课堂教学任务，至少应包含以下几个基本要素。

1. 目标

目标，即"为什么"。教学任务应该具有较为明确的目标指向。这种目标指向主要是指利用任务所要达到的预期的教学目的，同时包括任务本身要达到的非教学目的。

2. 内容

内容，即"做什么"。任何一个任务都需赋予它实质性的内容，任务的内容具体表现为需要履行的具体行为和活动。

3. 程序

程序，即"怎么做"。它是指学习者在履行某一任务过程中所涉及的操作方法和步骤，包括任务序列中某一任务所处的位置、先后次序、时间分配等。

4. 材料

所谓材料是指履行任务过程中所使用或依据的辅助资料。尽管有些课堂任务并不一定都要使用或依据这样的辅助材料，但在任务设计中，通常提倡准备和提供这样的材料，使任务的履行更具操作性，更好地与教学结合。

5. 教师和学习者的角色

任务设计中应考虑为教师和学生进行明确的角色定位，促进任务更顺利有效地进行。教师既可以是任务的参与者，也可以是任务的监控者和指导者。学生是任务的探索者、决策者、执行者。当然，任务并非都要明确教师和学生在任务履行中的具体角色，但任务肯定会暗含或反映教师和学生的角色特点。

6. 情境

任务的情景要素是指任务所产生和执行的环境或背景条件，也涉及任务的组织形式。在任务设计中，应尽量使情境接近于真实。

二、任务设计的原则

1. 真实性原则

真实性原则，即任务具有在现实生活中发生的可能性，而不是仅仅为了服务于课堂教学。此原则是指在任务设计中，任务所使用的材料应来源于真实生活，同时，履行任务的情景以及具体活动应尽量贴近真实生活。具体要做到以下几点：①任务的目标和要求要有实际意义；②任务的内容和形式要尽量真实可行；③任务要能够促使学生获取、处理和使用真实的信息，通过探索和发现，开拓发展思维能力、分析能力、解决实际问题的能力、综合运用知识的能力以及创新能力；④任务应服务于课堂但不仅限于课堂教学，而要延伸到课堂之外的实际学习和实际生活之中，真正做到学以致用、学为所用。

2. 连贯性原则

教学设计的任务与任务之间在实施过程中达到教学上和逻辑上的连贯与流畅。这一原则涉及任务与任务之间的关系，以及任务的实施步骤和程序，即怎样使任务通过一组或一系列的任务履行来完成或达到教学目标。一堂课的若干任务或一个任务的若干子任务应是相互关联、具有统一的教学目的或目标指向，同时在内容上相互衔接。每一任务都以前面的任务为基础或出发点，后面的任务应依附于前面的任务，这样，每一课或每一教学单元的任务系列构成一列教学阶梯，使学习者能一步一步达到预期的教学目的。任务的顺序可多种多样，如从接受性技能到产出性技能，或从预备性任务向目标性任务过渡等。

3. 可操作性原则

设计任务时，应考虑到它在课堂环境中的可操作性问题，应尽量避免那些环节过多、程序过于复杂的课堂任务。必要时，要为学生提供任务履行或操作的模式。

4. 教师主导作用和学生主体性相结合原则

教师主导作用与学生主体地位，二者是辩证统一的，主导是对主体的主导，主体是主导下的主体。这两者具有内在的联系，互相促进。教师的主导作用越是充分发挥，就越能保证学生学习的主动性、积极性和创造性；学生越是充分发挥主动性、积极性和创造性，就越能体现教师的主导作用。只有实现两者的有机结合，才有良好的教学效果。

5. 任务适中原则

任务设计不宜过难也不宜过分简单，要符合学生的实际认知水平及专业知识水平。教学任务设计的过难，无法完成或只有个别完成，不仅无法达到预期目标，而且很可能给学生以挫败感。教学任务过于简单，又可能因为不具有挑战性而无法调动学生的积极性，更无法激发学生的创新能力。

6. 合作学习原则

信息社会也是一个合作共赢的社会。合作意识和协作能力是财务管理专业学生必备的一项能力。

三、特定课堂教学任务设计

"任务"的设计将直接影响课堂的教学效果，依据任务设计原则，中等职业学校财务管理专业在设计教学任务时，要求做到理论联系实际，难度要有层次，如基本任务、提高任务和扩展任务，解决问题要注意多元化，教学任务要注意给学生留有思考空间等，以兼顾全局。具体来讲可以从以下几个方面着手。

（一）任务设计要有明确的目标

只有为教学目标的达成服务的教学环节才是有效的教学环节，所有教学任务的确立都必须紧紧围绕教学目标。而教学目标的描述只是规定完成一定的教学活动之后，学生应获得的学习结果，并没有说明这些学习结果是怎样得来的。所以，设计科学合理的教学任务，是提高课堂教学效率、打造高效课堂的保证。

"任务"设计要有明确的目标，要求教师在学习总体目标的框架上，根据教学目标和学生实际，把总目标细分成一个个的小目标，并把每一个学习模块的内容细化为一个个容易掌握的"任务"，通过这些小的"任务"的实现来体现总的学习目标。

（二）任务设计要符合学生特点

教师进行"任务"设计时，要从学生实际出发，充分考虑学生现有的文化知识、认知能力、年龄、兴趣等特点，做到因材施教。

（三）任务设计要体现层次感和递进性

在设计任务时，要注意学生的特点与知识接受能力的差异，充分考虑学生的现有文化知识、认知能力和兴趣等。在设计的过程中，要始终以学生的角度考虑，根据学生的实际水平来设计每一个模块，针对不同程度的学生来设计不同层次的练习，也就是说任务要有层次感。基础扎实，能力较强的学生，任务难度稍大，相反，任务宜简单些。

（四）任务设计要注意分散重点、难点

掌握财务管理知识是一个逐步积累的过程，任务设计时要考虑任务的大小、知识点的含量、前后的联系等多方面的因素。

（五）任务设计要具备可操作性

财务管理是一门操作性非常强的学科。通常，教师对知识进行讲解、演示后，关键的一步就是让学生动手实践，让学生在实践中把握真知、掌握方法，知识点也能得到及时地强化。学生在动手实践的过程中既可强化所学的知识，又能使自己的实践能力得到提高。

首先，在任务设计时要注意解决问题多元化。引导学生从各个方向去解决问题，用多种方法来解决同一个问题，防止思维的绝对化。在教学过程中，培养学生产生大量疑问、不受固定模式约束的能力，还要鼓励学生学会大胆猜想、判断，并将其猜想作为逻辑推理的一种形式和发展学生创造力的一种重要手段，帮助学生克服思维定式。让学生能够触类旁通，举一反三，开阔思路，提高自主学习能力，尽可能多的产生学习迁移。

其次，在任务设计时要关注任务的可思考空间。爱因斯坦曾说过："提出一个问题往往比解决一个问题更重要，因为解决一个问题仅仅是技能而已，而提出新问题，从新的角度去看旧问题，却需要创造性想象力，标志着科学的真正进步。"所以，任务设计要注意留给学生一定的独立思考、探索和自我开拓的余地，培养学生用探索式学习方法去获取知识与技能的能力。

最后，在任务设计时要关注完成任务的时间。让学生有充足的时间完成任务，完成时间不宜太长。如果长时间完不成任务，学生对任务的兴趣会降低，无形中也增加了教学的难度。

（六）任务设计要注重培养学生能力

首先，任务设计要注重培养学生独立选择信息、获取信息的能力。联合国教科文组织国际教育发展委员会在《学会生存——教育世界的今天和明天》一文中指出："鉴于可以预见的变革速度，我们可以推测知识会越来越陈旧和过时……总之，他们必须学会学习，……未来的文盲不再是目不识丁的人，而是那些没有学会学习的人。"也就是俗话经常说的"授人以鱼，不如授之以渔"，只有让学生学会学习，具有选择信息、处理信息的能力，才能终身受益。

其次，任务设计要关注学生团体协作能力的培养。学生学习是个别学习和协作学习的和谐统一。在财务管理教学中，教师进行任务设计时，要注意以适当的比例分别设计出适合个别学习和协作学习的任务。对于协作学习的任务，则要求由多个学生共同协作完成，使教师与学生、学生与学生之间产生多向交流，使学生们在相互交流中不断增长知识技能，促进学生间良好的人际合作关系，进一步培养学生的协作精神。

最后，重视学生思维的流畅性、变通性和独特性。创新思维是培养学生创造力的基础。在财务管理教学中，培养学生产生大量观念、疑问、不受固定模式约束的能力，还要鼓励学生学会大胆猜想、判断，并将其猜想作为逻辑推理的一种形式和发展学生创造力一种重要手段，帮助学生克服思维定式，培养学生举一反三的能力。例如，在多媒体、网络辅助教学过程中，提出的任务，可以不限制手段、方法、途径，学生可以各显其能，目的是完成任务。这样，学生在实践当中就会创造性地展开研究和探索，使学生对知识掌握得更加透彻、更加形象，有利于调动学生思维的流畅性、变通性和独特性，激发积极的思维，培养分析问题和解决问题的能力，从而有所发现，有所提高。

（七）任务设计要注重与其他课程的整合

财务管理类相关专业课程很多，如财务会计、管理会计等，在任务设计时要尽可能体现学科整合的思想。把相关学科的知识和技能要求作为一个整体，有机地结合在一起，使学生在潜移默化中得到锻炼，培养学生综合处理问题的能力。

第三节 教学环境设计

一、教学环境的构成因素及作用

从宏观上讲，教学环境是指与教学有关，对教学的发生、存在和发展产生制约和调控作用的多维空间和多元因素的总和。它包括与教学有关的社会环境、社区环境、学校环境、班级环境、小组环境等。从微观角度来说，教学环境一般是指与教学密切相关的学校教学环境。具体包括学校教学活动的时空条件、各种教学设备、校风班风、师生关系等多方面。

（一）教学环境的主要构成因素

教学环境主要由物质环境和心理环境两大因素构成。物质环境又称为硬环境，心理环境又称为软环境。

1. 物质环境因素

物质教学环境是由学校内部各种物质的、物理的要素所构成的一种有形的"硬环境"，是学校教学活动赖以进行的物质基础。它由教学设施及校内外实践教学基地、自然环境和时空环境等因素构成。

（1）教学设施及校内外实践教学基地。教学设施是构成学校物质教学环境的主要因素。从大的方面来讲，校园、教室、图书馆、运动场所、实验室、办公楼、宿舍、食堂、浴室和各种绿化设施都是属于学校教学设备。从小的方面来看，课桌椅、实验仪器、图书资料、电化教学设备、体育器材等也属于学校教学设备。在教学活动中，一方面教学设备以自身的完善程度制约和影响学校教学活动的内容和水平；另一方面，以自身的一些外部特征影响教学活动参与者的心理和行为。随着现代教育技术的发展，电化教学设备成为教学信息的第三载体，各种特定功能的教学设备在学校教学中有了广泛的使用。例如，语音室、音乐室、计算机房、视听室、多媒体教室等，尤其是以计算机为核心的多功能教学设备在教学中的广泛运用，使现代物质教学环境发生了前所未有的变化，为现代学校提供了良好的教学环境。

（2）自然环境。学校自然环境是指学校所处的自然地理位置和气候条件，从总体上规定了学校大的环境面貌。

（3）时空环境。主要是指班级教学的时间安排和空间布局构成的特定教学环境。现代教学论要求教学时间的长短应根据教学内容、学生可接受程度来确定，使教学时间安排具有一定的弹性和柔软性。教学空间结构以及空间的组织对教学活动效果有重要影响。班级规模和座位编排方式是与教学空间关系密切的两个环境因素。例如，有研究认为小班可以为提高教学质量创造良好的教学环境和学习气氛。在人数少的班级，学生的学习兴趣更浓，学习态度更好，违反纪律现象较少，师生关系和同学关系融洽，学生有较强的归属感。在人数较少的班级，课堂气氛更加友好愉快，教师有更多的机会进行个别辅导、因材施教，教学活动和方式更加多样化，学生也更积极地参与课内外学习活动。

2. 心理环境因素

心理教学环境是由学校内部各种人的心理要素所构成的一种无形的"软环境"，它与学校物质环境共同构成了学校教学环境的整体，是学校教学活动赖以进行的心理基础。它由人际关系、课堂心理气氛、教与学的形式等因素构成。

（1）人际关系。学校教学基本人际关系主要是指学校领导与教师的关系、教师与学生的关系、教师与教师的关系、学生与学生的关系。它们是影响教学活动最直接、最具体的人际环境。和谐健康的人际关系，有利于促进教学效果的整体提高，促进同年龄、异年龄、异质团体之间的联系性、开放性。和谐健康的人际关系是现代学校学生与学生之间人际关系的典型特点，也是培养和发展学生良好人际关系的基本前提。

（2）课堂心理气氛。课堂是学校实施教学活动的主要场所。课堂教学是教师、学生和教学情境三者之间相互作用的活动过程。课堂心理气氛是影响课堂教学效果关键因素之一。课堂心理气氛是由教师的教风、学生的学风以及教室中的物理和物质环境因素形成的一种心理状态。教风与学风之间是相辅相成的，教风影响学风，学风对教风又有制约作用。积极的课堂心理气氛一般表现为：课堂环境符合学生的求知欲和身心健康发展要求、师生双方都有饱满的热情、师生之间配合默契、学生之间关系融洽友好。

（3）教与学的形式。教学活动是师生共同参与的活动，教和学的形式是教学活动的重要心理环境因素。随着现代化教学手段的广泛应用，传统的以教师为中心的学习形式转变为以学生自主学习为主的学习形式。学生学习形式的变化，反过来影响着教师教学形式的变化，这些都将会给教学活动产生重要的影响。

教学的物质环境和心理环境相互联系、相互制约，物质环境的优劣会导致心理环境的变化，而心理环境的好坏也能导致物质环境的改变，两者是不可或缺的有机整体。

（二）教学环境的作用

从中等职业教育的角度讲，除健体之外教学环境的作用主要表现在以下几个方面。

1. 教育益智作用

教学环境是根据学生身心发展的特殊需要和培养人才的社会需要而组织、设计的。通过教学环境自身各种环境因素集中、一致的作用，引导学生主动接受一定的价值观和行为准则，使他们朝着教育者所期望的方向发展。独具匠心，把各种教育意图寓于生动形象的教学环境中，通过有形无形的教学环境因素给学生以熏陶和感化，将会产生"随风潜入夜，润物细无声"的教育效果。

2. 凝聚激励作用

良好的教学环境具有很强的凝聚力，它可以通过自身特有的影响力，将人聚合在一起，使他们产生归属感和认同感；同时，良好的教学环境作为一种最持久、最稳定的激励力量，能充分激发师生教学的内在动力。例如，整洁幽静、绿树成荫的校园，宽敞明亮、色彩柔和的教室，生动活泼、积极向上的课堂教学气氛，严谨求实、团结奋进的班风、校风，这些都能给师生心理上带来极大的满足感和愉悦感，能无限激发他们内在的动力。

3. 传播整合作用

现代信息技术、多媒体计算机技术和网络通信技术等现代化教学环境为学校教师教学和学生学习提供了良好的教学平台，使学校教学在教学媒体、教学内容等各方面实现整合。教师可以根据教学需要，综合运用各种教学资源，将内容在大与小、远与近、快与慢、零与整、虚与实、微观与宏观之间互相转化。课程上实现信息技术与课程整合，

4. 养德美育作用

良好的教学环境有利于激发学生的美感，培养学生正确的审美观和高尚的审美情趣，丰富他们的审美想象，提高他们感受美、鉴赏美和创造美的能力。优雅的教学环境往往隐含着一些审美因素，它是一本无声的教科书，它能潜移默化地对学生进行美的熏陶和塑造，具有极大的美育功能。而长期在优美而较大活动空间中学习和生活，有助于培养学生宽容、豁达的心理素质。

教学环境能否有效地发挥其功能，绝不是随意或自发的，而是取决于是否对它进行合理的设计和优化。因此，应根据一定的理性要求，应用现代理念，对教学环境进行合理的安排和控制，并且持续地加以优化，从而使教学环境发挥积极的功能，防止消极影响，以建构教师、学生、内容和环境有机整合的新型教学系统，达成既定教学目标，提高教学质量。

二、教学环境设计及其意义

教学环境设计就是指为了创造或改善教学条件，对教学环境进行的整体或局部的规划、组织、协调和安排。教学环境设计涉及的范围很广，既包括学校物质环境设计，也包括校园心理环境设计；既涉及校址选择、校舍建筑和校园规划等一系列宏观的设计，也涉及课桌椅的配套和教室内灯光的安置、课堂教学情境等一系列微观的设计。本部分着重考虑微观环境设计的意义。

（一）教学环境设计体现了教学环境外在的整体面貌和审美风格

教学环境的美观、和谐，是教学环境建设的主要目标之一。教学环境是否美观大方，在很大程度上取决于教学环境的设计工作。不同的设计思想一旦付诸实践，就会导致不同环境格局和不同风格教学环境的出现，并且长期地存在和产生影响。成功的教学环境设计无疑会给人们带来一个和谐、舒适的环境，而失败的设计可能会造成教学环境不可弥补的缺陷。因此，教学环境设计要放远眼光，谨慎从事。

（二）教学环境设计的成功与否直接影响着教学环境功能的发挥

教学环境具有多方面的功能，对学生的学习活动、身心健康、审美情趣、思想品德和社会化程度，对教学活动的顺利进行和教学质量的提高，都具有深刻的影响。在实际教学工作中，教学环境的这些功能能否发挥以及发挥程度高低，受多方面因素的制约，其中教学环境设计的优劣是重要的影响因素之一。

（三）教学环境设计影响着教学目标的有效达成

教学环境的优劣与教学目标的顺利达成密切相关。一个有利于学生身心健康发展，有利于教学活动顺利开展的优化的教学环境，必然会极大地推进教学目标的达成；

相反不仅不利于教学目标的达成，而且还可能直接损害学生的身心健康。正是从这一意义上说，教学环境设计对学校教学目标的达成产生着不可忽视的影响。

三、教学环境设计的基本要求

教学环境是一个由多种要素构成的复杂的整体系统，教学环境与教学活动息息相关，环境的优劣直接影响着教学活动的进程。为了最大限度地发挥教学环境的积极功能，结合教学环境的特点和功能期望，在设计教学环境时必须遵循以下几个基本要求。

（一）整体性

整体性要求教师在设计教学环境时，要从整体上对教学环境的各个方面进行调整和规划，以便把各种环境因素有机地协调为一个整体，发挥最佳效益。

尽管构成教学环境的因素复杂多样，但是教学环境是作为一个整体发挥功能的。因此，在设计教学环境时，应当密切合作，统筹安排。既要重视物质环境的设计，又要积极创造良好的校风、班风；既要改进师生关系，又要革新教学结构、组织结构等。只有树立全局观念，从整体出发，才能使各种教学环境各因素协调起来，使教学环境向着有利于促进学生身心健康和提高教学质量的方向发展。

（二）针对性

针对性要求教师在设计教学环境时，要针对特定的教学目的有意通过或突出教学环境的某些特性，增强特定的环境的影响来促进学生的身心发展。例如，突出民主平等和谐的关系可以调节因人际关系紧张对学习效率的影响。又如，讨论课的布局结构可以增强讨论的气氛，提高讨论效果。

（三）转化性要求

转化性要求是指在设计教学环境时，要对各种经验和信息进行一定的选择转化，使其积极性扩大而规避其消极影响。

当前社会是一个信息化、价值多元化的社会，教学环境必然受到社会环境多方面的影响。青少年社会经验少，识别、辨析能力不完善，有可能对积极的信息和价值持怀疑甚至排斥态度。因此，在教学环境设计时，教师要根据学生身心发展的特点，将自发的信息和价值影响转化为学生可接受的有目的的信息和价值影响，对涌入教学环境的各种信息和价值进行及时的调节和控制，并加以适当地选择转化，以享受健康的环境而抵制不良信息和价值倾向的影响。

（四）校本性

校本性要求教师在设计教学环境时，不能脱离本校的实际情况，在充分利用学校已有的有利条件的基础上，做好教学环境的设计。

任何学校在环境建设上都有自己的特点和优势，充分发挥和利用自己已有的环境优势，就有可能推动整个教学环境的改善。例如，利用雨量充足、空气湿润等自然优势，广植花草树木，绿化校园环境，用自然美来陶冶学生；利用革命老区光荣的革命传统对学生进行革命理想教育，以促进良好校风、学风的形成等。教学环境的设计只能从实际出发，以校为本，突出优势，扬长避短。

（五）主体性

主体性要求教师在设计教学环境的过程中，要充分重视学生主体的作用，培养他们自控自理环境的能力，使学生自己学会控制和管理教学环境。

教师和学生都是教学环境的主人，教学环境的建设和改善离不开学生的主体参与、支持和合作。例如，良好校风和班风的建设、环境卫生的打扫和保持、校园的绿化和美化、教室的布置以及学校纪律和秩序的维护等，学生起着关键性作用。因此，在设计教学环境的过程中，教师应充分调动学生的主动性和积极性，培养他们对教学环境的责任感，提高他们控制和管理环境的能力，良好的教学环境才能得到最广泛的支持与维护，教学环境将会在学生自觉自愿地不懈努力中更加和谐与美好。

四、教学环境设计的基本途径和方法

教学环境设计要根据财务管理教学的需要，对教学环境的各种因素进行必要的选择、组合、控制和改善，选取环境中各种有利的因素，限制或消除各种不利的环境因素；同时必须遵循育人的特殊要求，体现育人的特殊价值。需将学校教育的各种价值渗透在教学环境设计中，也就是把教育的语言和信息转换为环境的语言和信息，使教学环境充分体现教育价值和教育要求，从而发挥出环境育人的基本功能。以实现教学环境的最佳状态，最大限度地发挥正向效应，保证教学活动的顺利进行。

（一）以财务管理专业课程和课堂培养目标为宗旨，建设并进一步优化和完善教学环境

财务管理专业课程培养目标是教学环境设计的出发点和归宿，根据教学目标具体规定的人才培养规格和质量要求，以及教育的基本规律和发展方向，来组织和设计教学环境。所以，教学环境设计，要体现学校培养目标的基本精神实质和要求。

教学活动是人类特有的社会实践活动，其对象是人本身，所以教学环境设计更需要注重活动目的目标的完善。在具体的教学活动中，教师还要随时省察自己的目标是否完善，这是教学环境设计的首要前提。

（二）密切关注外部环境的变化

外部环境是教学环境设计的大环境，它包括国家的政治环境、经济环境、文化环境和民族心理环境等。外部环境是影响学校教学环境的"大气候"，外部环境发生的任何变

化都可能成为影响或改变学校教学环境的客观力量。财务管理类专业涉及的学科很多，而且都是政策性和变动性都很强的内容，如会计、税法等。因此，在教学环境设计时首先要把握时代发展的脉搏，充分利用大环境的各种有利因素，为财务管理专业教学创建良好的环境；其次，要采取辨证的态度分析社会大环境，对不良因素做必要的转化和诠释，发挥自身改造社会环境的作用；最后，要采取各种必要的措施，预防和抵制各种不良因素对教学环境的渗透和侵蚀，强化学校教学活动的影响力。

（三）符合学生身心发展的特点和习得规律

人的身心发展离不开良好环境的熏陶。教学环境作为专门的育人场所和设施，应以促进学生的身心健康发展为出发点。教学环境设计能否遵循学生身心发展的特点和习得规律就成为检验教学环境良好与否的重要标准之一。

（四）依据和改善学校现有的教学环境

教学环境的设计，很多情况下更侧重于在学校现有条件下创设教学环境以达到一种最佳状态，它并没有一个绝对的标准和固定的模式。教学环境的设计要充分考虑和利用本校的现有条件，以校为本，不断改善教学环境的面貌，突出自身的优势，建成具有自己特色的良好教学环境。

同时，提倡师生通过对校园的精心设计和绿化，以及对教室的布置，使学校物质环境得到美化和优化，使教学环境体现出崇高的教育意义和审美价值，从而对学生的精神世界产生影响。

（五）优化教学过程和教学情境的要求

教学环境的设计是一项复杂的工作，它不仅要考虑到对整体环境的宏观控制，而且要注意对局部环境的微观调节。优化教学活动过程，就是要使教学微观环境各要素间的衔接紧凑自然，反馈顺畅，以便全面实现教学活动的目的。例如，筛选、组织和利用好各种信息，使其成为适宜的教学内容；依据教学内容和学生身心发展的特点和规律采取恰当的教学方法；等等。

由于课堂教学情境具有即时多变的特点，偶发事件随时发生，教师就必须时刻注意把握教学情境的变化，并根据教学情境变化的需要对各种课堂环境因素进行必要的、及时的、机智的调节和控制，以使课堂环境保持有序、稳定的良好状态。

有完善的教学活动与和谐的校内外环境，而没有优化的教学过程，那么，改善教学活动，提高教学质量只能是一句空话。优化教学过程，实质上也就是协调好诸因素间的关系。

（六）完善教学评价设计

教学评价一方面是对教学活动成果进行评判，另一方面又因其价值导向的功能而左右着教学活动的发展方向。在现实教学实际活动中，教学评价存在的问题，往往是导致教学环境失衡和教学活动低效率的重要原因之一。完善教学评价，不但要改进评价手段和方法，更应强调从维持教学环境平衡的角度展开，坚持科学性和伦理性相结合的要求。

第四节　教学方法设计

一、教学方法与培养目标

一般地说，教学方法是教师为实现既定的教学目标，在教学过程中组织和引导学生进行专门内容的学习活动所采用的方式、手段和程序的总和，包括教师的教法、学生的学法、教与学的方法。

教学方法通常可以从以下三个方面来理解。

（1）以"教学目标"为指向。教学方法自始至终是围绕教学目标展开的，目标不同采用的教学方法可能会大相径庭；即使教学目标相同，也可能选择不同的教学方法来完成教学目标。

（2）在"教学进程"中展开。教学方法与教学进程是紧密联系的，并依托于教学进程当中，为教学进程提供教学服务。离开教学进程，教学方法也就失去了存在的意义。教学方法是教学进程的一个组成部分，但不能涵盖教学进程的全部内容。

（3）是"教师和学生"之间相互联系的活动方式。在课堂教学中，教师和学生处于发出信息和接收信息的交互作用中，而教学方法正是两者联系的纽带，是师生教学双边活动的桥梁。教师无论是对教法的选择和运用，还是对学法的指导与实践，本质上是统一的，两者相辅相成，相得益彰。

另外，教学方法服务于教学，必须依赖于教学内容和教学目标，而教学内容和教学目标的产生又依赖于专业培养目标。

目前，我国中等职业学校财务管理类专业的培养目标是：培养具有较强综合职业素质的为社会经济建设服务的应用型、技能型人才，培养真正能够到企业财务管理部门从事相关工作的具有初级技能的劳动者。就业岗位主要是中小型企业或公司、服务行业等领域的会计核算、会计咨询、收银、出纳、代理记账、税务代理等。但是随着经济的迅速发展，不仅制造企业，而且金融产业，如保险推销员、银行客户经理、个人理财规划师等岗位对受过财务管理专业教育或具有良好财务管理知识的人员的需求也在不断增加。

但是，目前中等职业学校的学生在遵规守纪、习惯养成、学习兴趣、知识储备、理解能力等方面存在着与专业学习很不和谐的"困惑"，因此，要求中等职业学校财务管理类专业教育应该采用超常规教学方法和手段，积极进行教学改革和创新，根据教学目标，完成培养目标。

二、传统教学方法面临的挑战

人们通过总结以及比较筛选，目前我国中等职业学校常用的教学方法包括讲授法、谈话法、读书指导法、练习法、演示法、讨论法、研究法、实验法等。这些教学方法在实施课堂教学时可针对不同的教学内容和目标，互相结合，取长补短。但随着现代信息化社会的发展，传统教学方法面临着越来越多的挑战，主要表现在以下几方面。

1. 忽视学生的"个性发展"

目前，各中等职业学校财务管理类专业教师在进行教学行为时，仍然是"满堂灌"，学生以被动接受为主，个性被压制，得不到发展。

2. 忽视学生的"情感升华"

在传统教学中，教师一味地突出智力，一切向"智力"看齐，忽视学生的情感，如讲授法、实验法、研究法一直流行，就是证明。殊不知，学生作为社会当中的一员，他们是有情感的，强行分开也就违背了教育的最终目标。

3. 把教学方法看成"教法"

在传统教学上，人们习惯把教学方法看做"教法"，突出"教"的一面，在进行教学行为时，以"教授法"为主，突出"教授法"的主体地位。

综上，传统教学方法已不适应当今世界信息的迅速发展，因此中等职业学校财务管理类专业教育必须在传统教学方法的基础上，设计更为灵活、并与实践有效结合的教学方法，既注重学生的专业理论培养，又注重实践能力培养；既注重专业教育又注重素质教育，使学生的潜在能力得以充分发挥，解决使学生将学到的知识转化为适应瞬息万变的环境、实现终生发展的问题。

三、教学方法的设计与实施

（一）教学方法的设计

（1）依据教学目标。教学方法的选择受教学目标的制约，教学目标决定着教学方法的选择。如果是完成传授新知识的教学任务，就应该选择语言传递信息的方法和直接感知的方法；如果要使学生形成技能或完善技能，就得选择以实际训练为主的方法；如果是为发展学生的智力，形成一定的能力就应采取探索、研究的方法。

（2）依据教材内容的特点。各科教材内容的不同也要求采取不同的方法与之相适应。

（3）依据学生的实际情况。教师的教是为了学生的学，教学方法要适应学生的基础条件和个性特征。

（4）依据教师本身的素质。任何一种教学方法的选用，只有适应教师本身的素质条件，能为教师所理解和掌握，才能发挥作用。有的方法虽好，但如果教师缺乏必要的素质，自己驾驭不了，仍然不能在教学实践中产生良好的效果。

（5）依据各种教学方法的功能。每种教学方法都有局限性。某种教学方法对某个学科或某个课题是有效的，但对另一个学科、另一个课题或另一种形式的教学可能是完全无用的。

（6）依据教学实践和效率的要求。教学方法的作用是为了使教学顺利有效地进行，在较少的时间内使学生获得较多的知识，取得良好的效果。所以，在选择教学方法的时候，应考虑到教学过程效率的高低。好的教学方法应使教学在较少的时间内完成教学任务，实现教学目标，并使教师教的轻松，学生学的愉快。

（二）教学方法的实施

1. 变"教"为"育"，创新课堂教学模式

在传统的理论教学中，学生处于被动状态，主动参与教学的热情未被激发，部分学生上课只出于通过测试的考虑，知识掌握效果不明显，知识转化、学生的创造力培养在学校期间都没有完成。

因此，转换教师在教学中的角色，要求教师从完全"教"的角色中走出来，将财务管理教学"形象化""简单化"，将概念、原则、程序、方法融入身边的事件和已经了解的理论中，并不断提出问题，引导学生思考、解决问题，使学生变被动学习为主动学习，分组讨论、激辩、演讲等贯穿于整个教学中，学生自我学习能力得以提高，重视"培育能力"。学生从学校学到的不再是一知半解的知识，而是自我学习、自我解决问题的能力。讨论、演讲等形式提高了学生的心理素质和逻辑能力，是自信养成教育的重要手段。专业基础扎实、有自信和耐力，这对财务管理类专业学生非常重要。

转换教育理念后，教师在课堂上讲的相对少了，但对教师的要求却更高了。能将财务管理类理论教学"形象化"，对于教师是非常困难的，将理论能够深入浅出的"简单化"更难。但是一旦教师在这方面进行了探索和努力，将难以理解的理论知识与实际相联系，从机械、大量的讲授中脱离出来，积极设计教学，就会产生意想不到的效果。教师与学生共同分析问题，解决问题，并在与学生进行广泛的讨论后做出总结，提出更合理或合乎法律规范的方法，发现实施工作中面临的问题，提出主流观点、观点差异，可以更有效地培养学生分析和解决问题的能力。

另外，教师在教学实施中还要注意观察每个学生的反应，在适当的时候给予鼓励性评价，教师不经意的一句话或者一个微不足道的细节，可能影响一个学生的一生，这种影响力往往是隐性的，教师不仅教书同样还要育人。

2. 导入实例，创新案例教学

近年来案例教学法在各专业教学中得到广泛应用，而实例教学法比案例教学法更有优越性，实例更具有鲜明的时代特征，与当今各种理财环境相吻合，无须背景陈述，并且能将教学对象和内容具体化。

中等职业学校教师在实例教学的第一阶段引入实例时，要精心选择教学实例，所选实例要具有典型性，体现财务管理类专业课程内容的基本特征，同时关注正反实例，开展比较教学。当然，教学实例一般要提前布置，提前的时间要取决于教学设计想要达到的预期效果。

实例教学的第二阶段是教师反馈，可以采用评语方式进行。对于个别具有代表性的问题，教师可以引入课堂进行讨论和讲评。讨论可以采取就某一观点进行广泛自由的发言方式进行，也可以采取就不同观点进行分组讨论，然后选出代表进行发言的方式进行。在讨论中，教师一方面研究学生对问题的理解，另一方面阶段性干预讨论的方向。最后教师应做好实例讨论的总结。教师在总结中肯定学生所做出的努力，提出存在的不足，引入理论依据，指出实践中出现的新研究方向等，这样可以有效地培养学生的信息获取能力和选择能力，不但能巩固本次实例教学成果，还能引起再一次学习的可能。

3. 利用网络平台，发展开放式教育

目前，我国中等职业学校财务管理类专业教育在培养人才方面主要采用教师面授为主，以教师为中心，忽视了学生的主体意识。学校和教师应该建设网络平台，进行开放式教育，可以通过公共邮箱、网络讨论室等方式为学生进行答疑、开展讨论，形成网上多角度互动教学，让学生有更多的机会进行发言。教师或课程组成员应时刻把握探讨式学习的节奏，在适当时机引入新问题和新思路。同时借助网络平台可以加强优秀课、精品课建设，向学生、社会开放，增进相互学习，为专业教育提供更多的途径。

4. 开发实践教学，模拟与实战并重

中等职业学校学生文化课基础相对薄弱，但动手和发现能力比较强，所以学校和教师应积极设置专业实践教学，如专业大作业、专业认知实习、财务管理模拟实习、创业实训、毕业实习、岗前培训及就业指导，以强化学生专业方面的实际动手能力和创业能力；鼓励和支持学生参加课外实践活动，选择有经验的教师进行指导。在财务管理类专业培养方案中积极探索多形式的模拟教学，培养学生解决实际问题能力、表达能力和团队精神，为学生成才搭建成功的桥梁。

同时，做好专业认知实习和毕业实习，尤其是毕业实习。有些企业为学生提供长期实习机会，通过毕业实习巩固学生所学专业理论知识，增强学生的感性认识，有效提高动手能力，加快知识向能力的转化，为学生今后步入社会工作奠定坚实的基础。

第五节 教学媒体设计

教学媒体是教学环境的重要组成部分，是师生为实现预期教学目的相互传递信息的工具。随着科学技术的发展，现代教学媒体得以开发和利用，教育方式和教学模式发生了根本性的改变，学生和老师之间的关系也发生了明显的变化。

从财务管理类专业教学的特点来看，既要采用传统的教学媒体，又要使用现代教学媒体。选用时，要遵循以下的原则。

一、财务管理类专业教学媒体的选用原则

中等职业学校财务管理类教师在实施教学选择教学媒体时做到"四个结合"，具体

内容如下。

1. 教学媒体与"职业任务教学目标"相结合

中等职业学校和教师要完成财务管理类专业的教学目标，必须按不同的职业任务进行分解，考虑每一个职业任务要达到的教学目标，在实施每一个职业任务的教学时，要根据不同的教学目标特点来合理、科学地选择教学媒体，提高学生学习兴趣和学习效果。

2. 教学媒体与"具体的教学内容"相结合

不同的教学内容，适合采用不同的教学媒体。例如，财务管理类专业课程有很多是比较静态和枯燥的内容，这类内容就适合采用融声音、光色、情景为一体的现代教学媒体，视听并举，动静兼备，才能吸引学生的注意力，激发学生的兴趣。

3. 教学媒体与"教学对象"相结合

例如，教学对象是初中毕业生还是高中毕业生，选用的教学媒体就应当有所不同。又如，高中毕业生或发达地区学生的计算机水平、网络使用的数量程度要高于初中毕业生或贫困地区的学生，在选择或放弃现代教学媒体上，就要考虑具体教学对象的情况。

4. 教学媒体与"所在学校的教学条件、所需代价和难易程度"相结合

学校是非营利性组织，每个学校都会受到财务状况制约。在选用教学媒体时，学校的现有条件是否能满足、创建教学媒体的代价能否承受都是必须考虑的因素。另外，如果媒体操作起来过于复杂，不易掌握，也不能选用。

总之，教学媒体的选择要考虑教学目标、教学内容和教学对象，从易行、易懂、能引起学生学习兴趣为最根本原则。

二、财务管理类专业教学媒体的特点

1. 适合专业理论的教学需要

教学媒体要满足专业理论的教学需要，针对专业课程中出现的理论和方法，围绕教学内容，利用教学媒体设计更直观、生动、有效的课堂，提高学生的学习兴趣和学习效率。

2. 适合专业操作程序的教学需要

教学媒体在满足专业理论教学需要的基础之上，针对专业程序的特殊目的，要能够呈现出比较直观的工作过程和方式。将专业操作程序通过教学媒体变得更易于吸收和接受，使学生有一种如临其境的感觉。

3. 适合专业方法的教学需要

教学媒体在实现专业理论和专业操作程序教学需要的同时，对专业学习当中出现的方法，能够快速方便的予以反映。通过现代教学媒体的强大功能，将抽象变具体，将无形变有形。

4. 适合专业技术的教学需要

在完成理论、程序、方法等专业教学的同时，针对专业学习当中涉及的专业技术，教学媒体需要能够将专业技术表现得淋漓尽致。针对专业技术，完全可以利用现代教学媒体的强大信息优势，将技术性的内容进行多方面搜集，以求全面、真实地满足教学需要。

三、财务管理类专业教学媒体种类

目前，财务管理类专业教学媒体主要有传统教学媒体和现代教学媒体两类。第一类是传统教学媒体，如黑板、粉笔、教科书、挂图、实物、标本和模型等；第二类是现代教学媒体，如幻灯机、投影仪、广播、电影、录音机、录像机、光盘和多媒体课堂与课件、运用语言实验室、多媒体综合教育、视听阅览室、微格教学训练系统、计算机网络系统。

从使用教学媒体进行教学的角度来看，主要有以下现代教学媒体种类。

（1）适用计算机辅助教学的媒体，如训练与实习型、指导型、咨询型、模拟型、游戏型和问题求解型教学媒体。

（2）适用计算机网络教学的媒体，如讲授式、个别辅导式、讨论式和探索协作式教学媒体。

（3）适用幻灯、投影教学的教学媒体，如书写式、图片式、实物投影式、作业式、引导式和声画式教学媒体。

（4）适用音像教学的教学媒体，如演播—设疑式、演播—讨论式、演播—发现式、演播—实验结合式、演播—操练式教学媒体。

总之，在进行教学媒体的设计时，首先要考虑的因素是教学目标，其次是教学内容、教学对象、教学条件和所需代价。符合学生的经验和知识水平，能受欢迎且易被接受和理解。只有熟知各种媒体的特性，经合理组合，才能扬长避短，相得益彰，呈现应有的教学效果。

本 章 小 结

本章内容要求掌握财务管理类专业教学目标的设计依据、教学任务的设计要素与原则以及教学环境设计的基本途径和方法，熟悉教学方法的设计与实施以及常见的教学媒体。

思考题

1. 中等职业学校财务管理类专业教师的特点是什么？
2. 阐述中等职业教育财务管理类专业教学设计包括哪几个方面。

第六章　中等职业学校财务管理类专业教学方法

学习目标：
1. 了解情境教学法的基本理论。
2. 掌握项目教学法的基本理论。
3. 掌握角色扮演法的基本理论。
4. 了解思维导图教学法的基本理论。
5. 掌握案例教学法的基本理论。
6. 熟悉任务驱动教学法的基本理论。
7. 掌握探究教学法的基本理论。
8. 熟悉模拟教学法的基本理论。
9. 了解四阶段教学法的基本理论。

课堂上，有的教师对于每一个概念都要逐字逐句地给学生分析讲解，不要求死记硬背，但要掌握"要点"；有的教师通过一个小实验，让学生观察判断，从而进一步理解某一事件的某一特性；也有的教师引导学生自学课本，使学生从消极的听讲者转变为以自学为主的探索者、思考者；还有教师强调熟能生巧，多做练习，以便循序渐进，逐步掌握所学。而今，要想成为一名优秀的财务管理类专业教师，该运用哪些先进的教学方法，以帮助学生牢固地掌握知识和技能，并挖掘他们的创造潜能呢？

教育常说"教学有法、教无定法、教有多法、贵在得法"。教学方法是教师完成课程教学成败的关键。在教学过程中，教师只有结合课程任务内容，根据实训设施条件，因地制宜，因材施教，集合科学有效的优势方法，才能有效激发学生学习的积极性、创造性。下列方法有的是职业教育先行者在长期的教学实践中摸索出来的，有的是吸收国外的先进教学方法并经过改造形成的。而随着时代对培养人才智力和能力的要求，教学方法在不断地发展和创新，已有的方法固然要借鉴，但探索科学适用的职业教育教学新方法对发展职业教育具有重要的意义。

第一节　情境教学法

一、情境教学法的定义

情境教学法是指为了达到既定的教学目的，根据教学内容和学生特点，引入或创设与内容相适应的具有一定情绪色彩的、生动具体的场景，让学生置身于特定的教学情境之中，引起学生的情感体验，激活思维，使其积极参与到教学活动中，从而帮助学生理解教材，提高教学实效的一种教学方法。其核心在于激发学生的情感。

二、情境教学法的特点

（一）抽象知识具体化

情境教学法具有很强的直观性，可以选用实物、图片、图表、幻灯片、录像等，也可以模拟实景进行直观教学，将抽象、枯燥的专业知识生动化、具体化，以帮助学生建立感性认识，提高学生学习兴趣。

（二）专业知识生活化

情境教学法能促进理论与实际相结合，将实际工作场景、资料甚至一些生活小事等作为情境用到教学中，把专业知识融入生活，让学生能鲜明地感受到所学知识的来源并运用到实际生活中，提高学生运用知识分析问题解决问题的能力。

（三）教学手段多样化

随着科技发展，现代教学手段越来越丰富，为情境教学提供了更多的选择，能更加形象、生动地展示情境，激发学生的学习兴趣。

（四）言行表达艺术化

教师在情境教学中加入艺术性的言行，产生的教学效果犹如锦上添花，使得学生更加有兴趣去感知情境中的知识，从内心激发学生学习的动力。

三、创设情境的途径

（一）生活展现情境

把学生带入企业，带入社会，从企业实际经营活动中，从社会和日常生活现象中选取场景，作为学生观察的客体，并加以教师语言的描绘，鲜明地展现在学生眼前。

例如，可以模拟企业招聘的现场，让学生作为应聘者，亲身体验企业招聘财务管理类人员的过程。

（二）实物演示情境

实物演示情境以观察实物为途径，体现情境教学法的直观教学原理，让学生在特定的情境中感知、理解，运用所学知识，从形象感知到抽象理解，缩短了认知时间，提高了学习效率，激发了学习兴趣。例如，可以从企业中选取部分凭证（入库单、报销单、凭证、账簿等）进行演示，使学生身临其境，实现逼真模拟，化虚为实，化抽象为具体。

（三）模拟再现情境

教学中能让学生到企业实地观摩是最有效的教学方法，但是由于时间安排、人员组织、单位落实等方面有一定的局限性，不适合经常采用。因此可以用录像、多媒体等方式将真实场景模拟再现，通常也可以起到较好的教学效果，增强学生感性认识，打好理论基础。

（四）模仿感受情境

情境教学中的模仿主要有两种，一种是理论课中的模仿角色感受情境，由学生自导自演，解决财务管理类的相关知识中比较抽象，难以理解的问题。让教学活动变得生动有趣。另一种是实操课中模仿操作感受情境。基于会计工作情境，由学生扮演不同工作岗位角色如会计、出纳、会计主管等，培养学生职业自豪感和岗位适应能力。

（五）语言描述情境

除了运用直观手段进行情境创设，情境教学中还十分讲究直观手段与语言描绘的结合。在情境出现时，教师伴以语言描绘，这对学生的认知活动起着一定的导向性作用。语言描绘提高了感知的效应，情境会更加鲜明，并且带着感情色彩作用于学生的感官。学生因感官的兴奋，主观感受得到强化，从而激起情感，促进自己进入特定的情境之中。

四、情境教学法的作用

情境教学法是通过"情境"的设置，使教学内容在情境化的故事中得以完成，情境教学中的特定情境，提供了调动学生的原有认知结构的某些线索，经过思维的内部整合作用，就会顿悟或产生新的认知结构。情境所提供的线索起到一种唤醒或启迪智慧的作用。

（一）能激发学生学习的兴趣，体验学习的乐趣

创设一个生动的情境能快速吸引学生的注意力，激发学生的学习兴趣，使学生很快

进入学习状态，而达到教学目标。将枯燥的知识点融入生动的情境中，让学生更容易接受学习任务，快乐地完成学习任务，享受成功的喜悦，体验学习的乐趣，为发展学生的交流、合作、应变能力创造了良好的条件。

（二）以学生发展为中心，注重学生的主体地位

情境教学法的运用始终把学生主动、全面的发展放在中心位置，在注意发挥教师主导作用的同时，特别强调学生学习主体地位的体现。

（三）有利于解决教学内容的重难点

设计情境是要为教学内容而服务，情境设计会充分考虑学生的学习特点，突出学习重点，化解知识难点，继而将情境教学法充分渗透到整个教学过程中，让学生带着情境任务根据教学内容的重难点有目的地进行学习思考，最终完成任务。

（四）寓教于乐，有利于加强德育教育

寓教学内容于具体形象的情境之中，其中也就必然存在着思想教育的潜移默化和暗示作用，使学生在情境中养成各种品质，形成道德规范。

五、情境教学法的实施

（一）创设情景——联系实际生活

财务管理类的课程理论晦涩难懂，内容抽象复杂。通过情境教学，有目的引入或创设生动的情境，将枯燥、抽象的知识，变得生动、具体，激发学生的学习兴趣，进而掌握专业知识。

（二）演示讲解——激发学习兴趣

演示讲解贯穿于情境教学的整个呈现过程，情境教学中始终贯彻"学生主体、教师主导"的教学思想，"创设情境+演示讲解"才能使整堂课变得生动，活灵活现，营造好的课堂气氛，吸引学生的注意力，激发学生的学习兴趣。

（三）探究归纳——获取理性知识

创设情境时将学生关注的时尚热点引入其中，可以有效地激发学生的探究欲望。教师可以引导学生把融合于情境中的知识总结归纳出来，便于学生掌握和理解，同时训练学生的思维，培养分析问题的能力。

（四）实践检验——创新培养能力

理论来源于实践，反过来又指导实践。巴甫洛夫说过："任何一个新问题的解决都要利用主体经验已有的同类题。"在情境课堂教学中，教师应根据新旧知识之间的联系，

巧设悬念，创设多种新情境，把学生原有的知识、经验迁移到其中，使学生有尽可能多的机会运用所学知识、技巧解决实际问题，这有利于激发学生对新知识的探求，培养学生的创新能力。

第二节 项目教学法

一、项目教学法的定义

项目教学法是近几年来我国职业教育领域中广泛应用的一种教学方法，它有利于培养学生的创新精神和开拓能力，适合职业学校的教学。项目教学法是从实际出发选择具有典型性的事例作为教学内容，学生在教师指导下，了解并把握整个过程及每一个环节中的基本要求，以小组合作的形式，用理论联系实际的方法，进行深入探究，完成一个相对独立的项目。

项目教学法主张先练后讲，先学后教，强调学生的自主学习，主动参与，从尝试入手，从练习开始，调动学生学习的主动性、创造性、积极性等，学生唱"主角"，而老师转为"配角"，实现了教师角色的换位，有利于加强对学生自学能力、创新能力的培养。

二、项目教学法的特点

项目教学法最显著的特点是"以项目为主线、教师为引导、学生为主体"，创造了学生主动参与、自主协作、探索创新的新型教学模式。它不再对学生进行纯理论性、学术性的书本知识传授，教师从传统的"传道、授业、解惑"向"设计、指导、咨询"转变。将课堂转变为学生在做中学，老师在做中教。教师通过设计项目，围绕项目中的问题进一步指导学生独立思考，动手实践，在实践中体验，在实践中学会学习。

（一）以学生为中心

将项目教学法应用于专业课堂教学，学生成为学习的主体，以具体任务为依托，使学生处在真实的或模拟的环境中，让学生主动去思考、尝试、参与，通过教师引导，能让学生触类旁通，对所学知识做到活学活用。采用项目教学法较好地解决了教与学的矛盾，充分调动学生学习的积极性、主动性，有利于培养学生的创新能力、自学能力、实践能力，增强学生协作精神。

（二）理论联系实际

项目教学法作为一种教学策略，有利于把分散知识的各知识点综合起来，应用于实践。它将枯燥的专业理论知识融入企业实际发生的事例中，让学生以真实或模拟的项目情境带动具体学习，用学过的理论知识指导实践，解决实际问题，提高操作技能。

三、项目教学法的作用

项目教学的目标导向是"做"，相对而言，项目教学法能紧密地将理论与实践相结合，以团队合作式学习为主，将学习过程变成一个人人参与的创造实践活动，强调学习的自主性和探究性。它注重的不是结果，而是完成项目的过程。学生在项目实践过程中，理解和把握课程要求的知识和技能，体验创新的艰辛与乐趣，培养和提高分析问题和解决问题的能力。项目教学法体现了从传授向实践转变，从演绎性思维向归纳性思维转变的教学理念，能充分发掘学生的创造潜能，提高学生实践能力。

四、项目教学法的课前准备

项目教学法的课前准备工作是教学中的一个重要环节，包括教师的准备和学生的准备两大方面。

（1）教师的准备。首先应对项目任务进行分析和研究，查阅大量的资料，收集相关的知识及案例；其次制订好项目工作计划和项目活动评价表等指导性的资料；最后要向学生做简要的实施动员，让学生理解项目的意义与作用，激发学生完成项目的兴趣。

（2）学生的准备。项目教学法是以学生为主体的开放式教学方式，为了提高学习效率，学生必须认真对待，提前阅读相关教材，准备一定相关知识，注意预习相关课程，获取相关资料，做好项目前期准备工作。

五、项目教学法的实施

项目教学法要在教学中得到有效的应用，关键是教学任务的设计和严密的组织实施，以保证教学有序地进行。

（一）设计项目任务

项目教学旨在配合理论教学的内容，让学生将所学知识理论联系实际，在实践操作中得以应用。财务管理类专业教师各工作岗位典型工作任务的设计，应结合中等职业学校学生的认知特点和接受能力，充分体现理论与实践的有机结合；要符合认知规律，能充分激发学生的参与兴趣和创造激情；要综合考虑学生现有的经验和能力，能独立完成，或是在教师有限的指导下完成。

（二）学生实施项目，尝试完成任务

学生按照小组分组情况，采取合作的方式，根据项目要求，制订项目工作计划，确定该工作步骤。学生根据项目内容，结合实际工作岗位要求，分角色展开活动。项目实施过程中，教师可以通过多媒体演示一部分内容，学生在此基础上举一反三，尝试完成工作任务。小组内成员可以相互协调互换工作岗位。

教师在实施过程中提出相关理论知识方面的讨论问题，完成此工作任务用到了哪些相关的理论知识，引导学生将以前所学理论知识应用到本项目活动中，达到理论联系实际的效果。学生通过解答问题，温故而知新。同时学生提出在完成任务过程中遇到的问题或困惑，进行讨论分析，在投影仪上展示学生完成成果，发掘其中存在的问题，通过教师点评，将所学知识与项目任务联系起来，在掌握相关理论知识后，项目工作得以更好地完成。

（三）考核评价项目成果

当整个项目实施结束后，师生要遵循公平、公正、公开的原则共同对项目成果进行评价，还可以结合不同项目的特点，从"知识与技能""过程与方法""情感态度和价值观"三个方面，将项目评价和学生个人评价有机结合。教师总评不必太多关注学生完成结果的好与坏，要侧重于从项目实施的全过程来分析，鼓励学生，尊重学生的成果，将学生在小组中的团队协作、知识运用等表现纳入评价，激发学生学习兴趣，让学生体验成功，从而使学生乐于实践、勇于创新、团结协作等多方面的综合素质得到锻炼、提高。

第三节　角色扮演教学法

一、角色扮演教学法定义

"角色"一词源于戏剧，自 1934 年米德（G. H. Mead）首先运用角色的概念来说明个体在社会舞台上的身份及其行为以后，角色的概念被广泛应用于社会学与心理学的研究中。角色是一个抽象的概念，不是指具体的个人，它本质上反映一种社会关系，具体的个人是一定角色的扮演者。将角色引入教学活动中，称为角色扮演教学法。

角色扮演教学法就是一种设定某种情境与题材，以某种任务的完成为主要目标让学生扮演自己原来没有体验过的角色或作旁观者，通过行为模仿或行为替代，使学生注意力专注于活动的全过程，让学生在真实的模拟情景中，体验某种行为的具体实践，以感受所扮角色的心态和行为，把学到的理论知识运用到实际工作中，以帮助学生了解自己，改进提高，掌握知识的一种教学方法。在该方法中，教师引导学生参与教学活动，让学生扮演各种角色，进入角色情境，去处理多种问题和矛盾，以此加深对专业理论知识的理解。

二、角色扮演教学法的特点

1. 情境性

情境教学是指运用具体的场景或提供学习资料以激起学生的学习兴趣、提高学习效率的一种教学方法。学生的角色扮演离不开情境支持，只有创设情境才能进行仿真的表演。

2. 趣味性

学生们平时都对影视剧、小品等特别感兴趣，将问题的主要矛盾运用影视剧、小品等形式表演出来，能激起学生的兴趣，变被动为主动，起到事半功倍的效果。如果学生能选择自己喜欢的角色来扮演，会更富有感染力。

3. 灵活性

哪个知识点适合运用角色扮演教学法，选择什么性格的学生去扮演，学生对角色的不同理解以及不同的学生说出的不同台词等都体现出了角色扮演法具有很强的灵活性。在运用中，要注意分析多方面因素，同时将教学目标、场地和学生人数等问题考虑在内。

4. 教师适当参与

表演过程中，教师可以适当参与角色，有了教师的参与，表演会更加淋漓尽致，学生的积极性会更高，课堂气氛会更活跃，更能拉近师生距离。教师还可适当关注活动中出现的各种问题，对于出现的问题要做出正确的引导。

三、课前准备工作

首先，课前要做好充分的准备工作，制订好计划，每个细节都要考虑到，并且安排妥当，防止扮演过程中出现某个环节脱节，或者出错，导致演不下去。

其次，要准备好表演所用的服装、道具、场景等。

最后，设计好角色扮演教学法教学效果评价表，确定每一项的评分标准和分值。

四、角色扮演教学法的具体操作步骤

角色扮演法的基本步骤可以分为以下七步。

第一步：确定或引出要通过角色扮演所要解决的问题，使问题明确、具体。解释所要表演的故事情节，并说明所需要扮演的都有什么角色，动员学生积极参加表演，成为参与者，因为参与者与观众相比，最后对故事所要说明的问题的理解和把握程度是不相同的。参与者的理解会更深刻，更能理解故事的内涵。

第二步：挑选角色扮演者并分配任务。尽量将选择角色的机会留给学生，让学生选择喜欢的角色，有利于更出色的表演。分配角色应承担的任务，深入问题的情境中去。

第三步：创设场景。安排好演出所需要的场景，尽量逼真。服装和道具要到位，并且划定表演的行动路线。

第四步：安排观众所要完成的任务。观众要带着问题去观看，同样也要思考问题，解释问题。

第五步：具体的表演过程。表演者根据设计的内容进行表演。

第六步：分析与评价。回顾表演的全过程，分析讨论扮演中存在的问题与不足，揭示所要说明的问题。

第七步：共享经验与概括。把问题情境与现实经验、现行问题联系起来探索行为的一般原则。

第四节　思维导图教学法

人类的思维特征是呈放射性的，进入大脑的每一条信息、每一种感觉、记忆或思想都可作为一个思维分支表现出来，它呈现出来的就是放射性立体结构。

思维导图来源于英文"mind map"，是20世纪70年代由英国的"记忆之父"东尼·巴赞（Tony Buzan）创造的一种有效的记笔记的方法。同时它又是一种学习方法——一种把书由厚读薄的方法，思维导图的推广与应用给教育带来了积极的影响。

一、思维导图的定义

思维导图，也叫心智图，是一种放射状的思维表达方式，是将放射性思考具体化的方法，它是一种非常有用的图形技术，运用图文并重的技巧，提供一个有效的工具，开启人类大脑的无限潜能。

思维导图采取一种独特的画图方式，将人的思维重点、思维过程以及不同思路之间的联系清晰地呈现在图中。这种方式在处理复杂的问题时，能够显示出思维的过程，同时很容易理清层次，让人掌握住重点，启发人的联想力与创造力。图6-1是财务管理课程中的预算管理模块的知识结构，以思维导图表现出来。

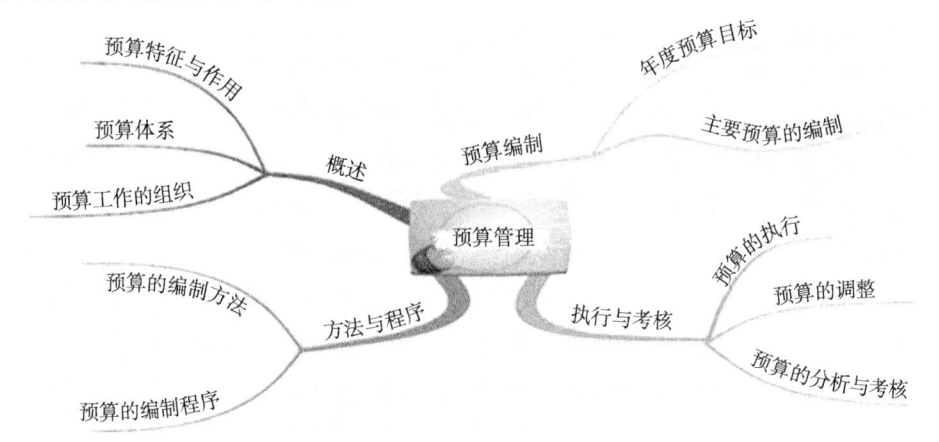

图 6-1　预算管理模块思维导图

二、思维导图的基本特征

（1）主题的焦点清晰地集中在中央图形上，从图 6-1 可以清晰地看出，预算管理是主题的焦点。

（2）主题的主干作为分支从中央向四周放射，分支由不同颜色的线条和表示该分支内容的文字组成。图 6-1 中，预算管理这一问题的层次非常清晰，分为概述、方法与程序、预算编制、执行与考核四个分支，向四面发散。

（3）分支下面还可以再细分细小分支。如图 6-1 四个分支里面又分别包含了若干个细小的分支，表明教学内容更加详细具体，分支形成一个连接的节点结构，线条越来越细。因此思维导图在表现形式上是树状结构。

三、思维导图的作用

将思维导图应用到教学之中，可以帮助教师建立完整的知识框架体系，对学习的课程进行有效的资源整合，使整个教学过程和流程设计更加的系统科学，帮助师生进一步加强对所学和所教内容的整体把握，同时可以更有效地促进师生间的交流与沟通，充分地发挥学生学习的主观能动性。

（一）思维导图能帮助学生建立完整的知识框架体系，树立全局观念

思维导图可以让知识变得有层次、有结构、清晰易懂。一本书或某个知识点可以是一个体系，教师要引导学生理清思路，把握全局。思维导图的优点之一就是可以让复杂的问题简单化，只需要用一张纸，就可以将一本书或某个知识点的体系框架结构画出来，让学生一眼看到问题的全局。

（二）思维导图能加强师生交流，促进学生自主合作学习

一方面学生可以发挥主观能动性画出自己通过判断、分析得出关键词的思维导图，增强其学习主动性；另一方面，教师也可以从学生画的思维导图里发现学生对现有知识的了解情况，关注不同层次学生的成长，因材施教，清晰而简洁。

（三）思维导图能帮助归纳知识点，将学习内容进行有效资源整合

在实际教学中，常出现"上课听得懂，作业不会做"的怪象，究其原因，就是学生在课后没有主动去归纳总结，没有找到主干知识而一味地死记硬背，做题时不能灵活运用理论知识解决实际问题，而思维导图能有效解决这个问题。

（四）改进了教学内容的展示方式

思维导图法在协助教师展示教学内容上有独到的用途，使教学张弛有度，形散而神

聚，凸现教学工作的技术性和艺术性，形象而简洁。

（五）改进学生的笔记形式

传统的笔记是提纲式的，看上去条理清楚，但是比较单调，不容易对大脑形成有益的刺激。思维导图运用图文并重的技巧，改变了"笔记是课文的重复"这一矛盾，彻底打破僵化守旧的落后方式，把思维从整齐划一的框框中解放出来。

四、思维导图教学法的课前准备

（1）将学生分成若干学习小组。

（2）手工制作思维导图需要准备如下：①白纸一张；②彩色图画笔和黑水笔；③投影仪。

还可以利用电脑制作思维导图，软件如 Inspiration、MindManager、Brainstorm 等，用这些软件制作出来的思维导图更美观。这些软件使用方便，容易掌握，学生和老师都适用。

五、思维导图教学法的实施步骤

第一步，教师布置教学任务。由教师提出有关的情境及问题，宣布用思维导图法学习这个问题。教学任务的制定是整个教学过程的关键环节。

第二步，简述思维导图的绘制步骤。

（1）在纸的中央用一个彩色图像或符号代表本节课知识点的核心，开始画思维导图。

因为从中心开始，可以使学生的思维向各个方向自由发散，能更自由、更自然地表达自己的思路。

（2）把写有主题的连线与中央图像连在一起，每条连线又可以分出几条稍细的分支。连线自然弯曲而不是一条直线，体现思维导图的树形结构。

（3）每条线上只有一个关键词。因为单个的词汇使思维导图更具有力量和灵活性，同时单个的词也是容易记忆的。每一个词汇和图形都像一个母体，繁殖出与它自己相关的、互相联系的一系列"子代"。

（4）在整个思维导图中都要使用色彩、图像。"一幅图像胜过千言万语"，色彩是各种思想的最主要的刺激物，尤其是在增加创造力和记忆力方面。色彩具有美感，这在画思维导图时会增加大脑的愉悦感，提高学生回顾、复习和使用思维导图的兴趣。运用图像可以把记忆力提高到近乎完美，让创造性思考的效率成倍提高，增强学生解决问题、交流和感知的能力。

第三步，学生小组式学习，共同参与。各个小组的学生进行讨论并将讨论结果画成初步的思维导图。小组式学习，能集思广益，取长补短。大家都团结一致，共同出谋划策，为小组目标的达成做出努力。好的合作学习，能把一个有限的课堂变为人人参与、个个思考的无限空间。教师负责为学生解答问题，进行个别的指导。在指导制作思维导图的过程中，不要太拘束于现有的形式，要让学生尽可能开放思维，联想相关知识点，如使用各种相关的色彩、图示、符号来加深印象。

第四步，展示成果。展示成果让学生体会作品完成后的成就感。展示成果的过程也是学生反思学习的过程，教师可以指导学生以遇到的问题为中心展开解决问题方法的查找，通过绘制思维导图的形式展示自己学习的过程，以此培养学生的思维扩展能力、查找问题的能力和自主学习的能力。

第五步，展示教师做的思维导图。在教师指导下，将初步完成的思维导图进行完善，使知识形成一个完整的体系，并画出既美观又便于记忆的思维导图。

第六步，课堂评价。课堂评价的目的要以促进学生的发展为中心展开，评价应当包括学生自评、学生间的互评和教师的评价，通过评价不只让学生了解到自己在学习过程中的不足之处，更应当让学生在评价中学会自我认识，学会欣赏他人，建立自信，使评价成为学生主动发展的动力。

第七步，教师总结。总结是教师对一堂课教学内容的总结、概括和提炼。通过总结可以帮助学生理清所学知识的层次结构，掌握知识的内在外在联系，是学生对知识的又一次重要记忆，有利于学生将认知归入自己的知识体系中。

第五节 案例教学法

一、案例教学法的概念

案例教学法是一种理论联系实际，启发式的教学相长的教学过程。它要求根据教学大纲规定的教学目的，配合课堂理论教学的内容和进度，组织学生通过对案例的调查、阅读、思考、分析讨论和交流，做出判断和决策，以提高学生分析问题，解决问题能力的一种教学方法。案例教学法通过学生主动参与，积极讨论，有针对性地运用理论去解决问题，从而加深对理论知识的理解，是通过"做中学"获得自己理解并能驾驭的知识，在以后的工作中以解决处理类似的实际问题。

二、案例教学的特点

（一）鼓励学生独立思考，着重于能力的培养

每个案例的分析，能增强学生的感性认知，使学生对所学知识融会贯通。每个学生都要去思考并发表见解，通过这种交流，可以取长补短，促进学生人际交流能力的提高。最重要的是还能锻炼学生的从业能力。在现实工作环境中，工作能力大致取决于个人三

方面能力，即分析能力、沟通能力、说服他人的能力，案例讨论使学生的能力得到全面锻炼。另外，在案例教学中，学生通过发言提纲的编写、案例的分析整理均能提高文字表达能力。

（二）采用案例法，有助于提高教师的业务水平，提高教师驾驭课堂的能力

案例教学，教师不管是实际调研，还是利用已学，都要对实践及相关知识非常熟悉，有助于教师实践业务水平的提高。

案例讨论时，学生为了争取发言的机会往往互不相让，唇枪舌剑，有时也会出现冷场的现象，这就需要教师有一定的课堂掌控技能与技巧。

三、课前准备

第一，教师的准备。主要是收集和整理案例的相关内容和背景资料，提前把案例印发给学生并制订计划及引导性问题。所选的案例应符合社会经济工作的实际，不能随意主观臆造脱离实际的教学案例，既要与教学目标相吻合，又是教师自己能把握得了，学生易于接受和认同的案例。教师可以通过参加社会实践活动，深入企业收集实际工作中的案例，也可以通过校企合作，由企业提供教学案例。选好案例后，制订案例讨论的计划，同时要积极引导学生预先思考相关问题。

第二，学生的准备。学生应根据教师的安排认真阅读案例，查阅必要的参考资料，将对应的思考题进行分析，提出对策并写出案例分析的发言提纲，为课堂的案例分析教学做好充分准备。

四、案例教学的几个步骤

第一步，案例准备。教师必须了解案例中的议题，掌握案例的运用原理，教师采用列条式或连续提问式概括地描述此案例讨论的问题及方向，并在课前将这些案例材料发给学生，让学生阅读案例材料，查阅指定的资料和读物，收集必要的信息，并积极思考，初步形成关于案例中问题的原因分析和解决方案。这个阶段学生如果没有准备好的话，会影响到整个案例教学的效果。

第二步，分析与讨论。教师将学生划分为几个小组，以小组为单位进行分析讨论，每个学生积极参与，积极发表自己的观点和见解，然后各个小组派出自己的代表，发表本小组对该案例的分析和处理意见。教师在讨论和发言中不要轻意表露自己的观点，以免限制学生的思维，而是让学生充分阐述自己的观点。此时，教师应当是引导学生围绕案例的主题开展讨论，使案例真正能锻炼学生的各种能力。

第三步，总结阶段。在小组讨论完之后，教师应留出一段时间让学生自己进行思考和总结。之后，教师要进行归纳总结，做出恰如其分的评价，指出优点，分析失误。要求学生写出案例分析报告，对自己在案例阅读、分析、讨论中取得了哪些收获，解决了哪些问

题，还有哪些问题尚待解释等进行反思、总结，并通过反思进一步加深对案例的认识。

案例的教学步骤可以概括为：阅读案例，个人分析；小组讨论，达成共识；课堂发言，全班交流；总结归纳，消化提升。

总之，案例教学法是一种以案例为基础的教学法，通过一个具体案例的思考，去启发学生的创造潜能，重视的是求出答案的过程。案例教学法使理论知识和发展能力有机地结合起来，把学生引入社会实践中，使学生由被动接受知识变为主动探索知识，真正成为学习的主人。

第六节 任务驱动教学法

一、任务驱动教学法的内涵

任务驱动教学法是一种建立在建构主义学习理论基础上的教学法。它以建构主义学习理论为指导思想，要求学习者是学习的主动建构者，强调学生的学习主体地位，发挥教师的主导作用，突出任务的目标性和真实情境创建，使得学生带着真实的任务在探索中主动学习，培养学生从实际问题出发、提出问题、分析问题、解决问题的能力。

二、任务驱动教学法的特点

（一）以任务为主线

任务是串联整个任务驱动教与学过程的学习活动线索，所有的教学活动都围绕任务而展开。任务要做到既循序渐进，激发学生的学习兴趣和学习主动性，又能促进学生发展，明确学生的学习目标和学习动机，提高学习效果。

（二）以学生为主体

在任务驱动教学中，教师给学习者布置具体的任务，但并不指定完成任务的唯一途径。学生应该是信息加工的主体，是知识意义的主动建构者，而不是外部刺激的被动接受者和被灌输的对象。在建构意义过程中，要求学生主动去收集并分析有关的信息，对所学习的问题能够提出各种假设并加以验证。

（三）以教师为主导

教师是意义建构的帮助者、促进者，而不是知识的传授者与灌输者。教师要能够激发学生的学习兴趣，帮助学生形成学习动机，创设尽可能真实的问题情境，在可能的条件下组织协作学习，并对协作学习过程进行监控、引导，最大限度地发挥学习者的自主性、能动性和创造性。

任务驱动教学法是指在整个教与学过程中，借助教师和学习同伴，让学生在若干具体任务的"驱动"下，通过自主探索和互动协作，掌握基本知识和机能。

三、任务驱动教学法的实施过程

（一）创设情景、设计任务

（1）任务要有明确的目标要求。教师要在学习总体目标的框架上，把总目标细分成一个个容易实现的小目标。

（2）任务要具体明确，具有可操作性。教师需要将每一个学习模块的内容细化为一个个容易操作的任务，通过完成这些小任务来体现总的学习目标。

（3）任务要符合学生的特点。设计任务要从学生实际出发，充分考虑学生现有的文化知识、认知能力、年龄、兴趣等特点，遵循由浅入深、由表及里、循序渐进的原则。

（4）设计任务时要注意把信息技术作为一种认知工具，把其他学科的知识作为载体，融合在真实性的问题情境中，使学生置身于提出问题、思考问题、解决问题的协作学习中。

（5）任务的大小要适当。一个教学内容可设计成多个任务，在同一时间内由不同的角色去分别完成。然后再由老师或同学将任务综合起来进行处理。

（6）设计任务时，要充分考虑学生的个体差异，要将学习目标分层次，针对不同水平的学生分别提出恰当的基础目标、发展目标和开放目标，在此基础上设计具有一定容量、一定梯度的任务，要求所有学生完成基础目标对应的小任务，学有所思的学生能接着完成下一个需要努力才能完成的发展目标对应的任务，学有所创的学生还应继续完成后面开放性的任务。

（7）任务要有多条完成的路径，让学生自己决定走哪条路、怎么完成。

（8）任务的设计也不应只局限于书本知识，而应具有发散性和挑战性，让学习者感觉有充分施展想象力和创造力的机会。

（二）教师指导、明确任务

学生执行工作任务之前，教师必须先讲解工作任务内含的知识点，分清任务，明确目标，学生再执行工作任务。在执行任务过程中教师可以继续穿插讲解任务内含知识点。最后，总结归纳，系统建构任务内含知识点。

（三）分工合作，执行任务

1. 分组、分岗

（1）学生按一定标准如宿舍、性别，或学习成绩上中下等级等分组，以便于学生沟通合作。

（2）按"组间同质、组内异质"原则平衡各组水平，组内强弱结合。

（3）小组起名，增加凝聚力及激情。

（4）安排小组组长负责。
（5）轮岗制度，工作岗位应当有计划地进行轮换。

2. 学生执行任务的基本流程

（1）小组内每人独立思考，培养独立学习能力。
（2）小组内轮流发言，培养语言表达能力。
（3）达成共识，形成成果培养团队决策能力。
（4）成果展示，培养团队荣誉感。

分组完成任务时，教师需给予必要的帮助与指导。教师可以采取巡查的方式或者参与一个小组的方式检查学生完成任务的进程，对任务执行过程中的闪光点，应及时表扬，对不足之处及时引导，以使任务顺利进行，同时教师还要做好观察记录，为以后的总结归纳做好资料准备。

（四）成果展示，评价任务

成果展示可以是各小组分别进行成果展示与抽样重点成果展示相结合；可以是由每组全体组员共同演示其业务操作流程，并指出各岗位操作中存在的问题，由各组成员回答或是由教师总结回答。

教师要及时对任务完成情况进行评价，并充分发挥学生的主体作用，引导学生自评、互评，采取多元化的评价方式。

任务驱动教学法可以为学生营造真实的工作环境，在完成工作任务的过程中完成学习任务，在掌握专业知识的同时锻炼综合职业能力。在教与学的结构中，体现了学生的主体地位和教师的主导作用，使学生在互动、宽松的氛围里完成任务，让每个学习者都体验到成功的快乐、学习的快乐。

第七节 探究教学法

探究教学的理念最初是由美国教育学家杜威引入教育实践与研究领域的，探究教学法则是20世纪50年代由美国科学家施布瓦倡导提出的。它是指在课堂教学过程中，以学生自主学习和合作学习为前提，以教材为基础，在教师启发引导下，学生自由表达观点，质疑探究问题，并通过个人、小组、集体等多种形式的解疑释难活动，用所学知识解决实际问题的教学形式。

一、探究教学法的理论依据

（一）发现学习理论

发现学习理论认为，发现是教育的主要手段，学习是学生参与获得知识的过程，学会学习比学会内容更为重要。在发现学习过程中，教师只是学习的促进者，引导学生对提供的问题情境发问，学生要自己搜集证据，亲身经历发现过程，既要知道完整的结果，更要追溯达到结果的步骤方法。

（二）建构主义学习理论

建构主义学习理论认为，学习是一个积极主动的建构过程，学习者在一定的情境中，借助教师或其他学习者，根据先前认知的结构主动、有选择地建构当前事物的意义。它对探究教学法影响很大，学习者应努力创造适宜的学习环境，主动构建自己的知识，实现新旧知识的有机结合，培养分析、解决问题和创造性思维的能力。

（三）多元智力理论

多元智力理论认为，人的智力至少有七种，学生智力形式表现的多样性与复杂性，要求教学应成为因材施教的活动。在探究式教学活动中，学生在分工中发挥自身长处，教师也根据学生的智力特点、学习类型、发展方向等差异做相应性指导，建议和评价标准的多元化，也使学生有了更多的发展和成功机会。

（四）人本主义心理学理论

人本主义认为，人具有先天的潜能，教育的作用和根本目的是发展学生个性，实现其潜能，教育应把自我实现的选择权留给学生。以学生自我探究、自我发展为目标，学生的主动性与教师的主导性相结合，高度重视学生的个性、价值观培养，这也是实施探究的前提。

二、探究教学法的特点及优势

（一）探究教学法的特点

探究教学法具有开放性、自主性、交互性及探究性的特点。

1. 学习环境的开放性

在探究教学中，答案并非先直接告诉学生，而是由学生自我探究、搜集资料，在疑难情境中认识、解决问题，参与并体验知识改为结论的获得过程，学习环境动态、多元，开放性很强。

2. 学生学习的自主性

教师尊重、鼓励学生的思想、观点、思路，学生主动参与、自我设计，控制学习的过程，有兴趣、有信心地探索和解决问题，亲身体验自己对社会与自然的责任。

3. 师生的交互性

在探究教学中，教师的指导、学生的合作与交流、师生间的协商与对话是经常性行为。

4. 问题的探究性

学生在交流中，能够发现问题、提出问题，在探究中，可以寻求解决问题之道，从中体会到探究学习是学习知识、发展技能的有效途径，这也有助于将之应用于实践中。

（二）探究教学法的优势

1. 促进自主学习，培养学习动机

探究教学法以学生为中心，学生从中学会搜集、整理资料的方法，对自己的观点进行论证，并与他人分享、讨论等，在多种感官情境中，学生原有知识、经验因探究而重组，已有知识与实践的情景也会增强学生的知识记忆与思维激发，从而促进知识、技能的正迁移；当学生在探究式学习中，能自己独立地成功解决问题时，愉悦与成就感就会激发兴趣，作为学习内在动力的内在动机便会有很大的提升。

2. 提升直觉思维，发展创新能力

直觉思维倾向于对整体问题做内隐式的感知与顿悟，虽没有固定具体的步骤与根据，但有助于对特定问题找出答案。基于探究教学法的基本步骤和过程，直觉思维会得以锻炼与提升。探究教学法在理念、形式、环境上，都有利于培养学生的好奇心理、探究意识，学生在自主参与知识获得的过程中，创新能力也会逐步得到发展。

3. 形成新型师生关系，优化校园管理环境

通过指导、帮助学生主动开展探究式学习，教师会增强树立学生为主体、为学生服务的思想，这有利于形成师生的平等合作关系。探究教学法要求学校有较为稳定、科学合理的管理制度以及开放、和谐的文化环境，探究式学习的开展必然会推进教育、教学管理观念的改善与优化。

三、探究教学法的实施

探究学习主要包括提出问题、决定探究方向、组织探究、收集并整理资料、得出结论、采取行动等步骤。

（一）提出问题

教师提出设置问题情境，引导学生了解、关注、探讨、解决问题。

（二）决定探究方向

研讨提出可能的预测或假说，从而确定探究的方向。

（三）组织探究

制订探究方案、进行人员分工、分析所需资源、确定探究期限。

（四）收集并整理资料

通过各种形式、途径搜集资料，对所得资料筛选、归类、分析、比较，并制作图表。

（五）得出结论

要求学生表达自己在探究过程中形成的结论，并与他人交流，进而评估之前的预测与假说。

（六）采取行动

建议学生根据结论在条件适宜的情境下运用自己的结论、采取相应的社会行动。

四、实施探究教学法应注意的问题

（一）探究教学应开放，发掘自主探究潜能，克服材料选择困难

探究式教学的基础环节是开放性问题情境的创设，活动设计要联系学生的生活与社会实际，学习方法可以"先尝试再点拨"，这有利于学生的猜测与验证，发掘自主探究的潜能，虽然选择引发学生兴趣并保持长久热情的探究材料并不容易，但这却是教师必须加以克服的问题。

（二）强调教师的指导作用和学生的合作与交流，提高课堂的管理要求

当学生在探究思维的转折处，或知识的重难点处，自身努力无力解决时，教师要适时进行启发性点拨与有效性指导，引导学生探究方向，这才会提高探究的效果与素质。学生探究学习中的发言、汇报、质疑、陈述及实践与经验，要学会相互接纳、赞赏、分享、互助、容纳、善待才会有所增益。学生探究既要热烈，又不干扰他人探究，这是对教师课堂管理的挑战，也是引以关注与探究的课题。

（三）审视学生的个体认识与个别差异，理性看待教师的引导、概括、评价

对于来自学生本能探究、直接观察与经验基础之上的已有个体认知要珍视，这对于以后的探究是有价值和意义的。关注学生个别差异，要避免优秀者主控探究，对于中下程度的学生，要给予其适当的任务，鼓励其参与。教师在探究学习过程中的引导、结束后的概括，对学生探究方法、态度、效果的评价等，会因探究过程的多样与学生的差异，很难做到都全面、客观，不被学生认同、信服的情形会时有发生。

（四）基于学生自身差异，提出不同探究要求

中等职业学校学生学习基础千差万别，对其探究要求应有所不同。初中基础知识薄弱的学生，要补习精确测定（定量描述），确定和控制变量，运用计算机整理、显示、解释数据，建立解释与证据之间的关系，认识到不同性质的问题需要用不同的探究方法；

而在探究后学会阐明问题、方法、对照组、变量的选择与控制、实验的误差,以及确定数据的范围、数据的平均值和众数值,根据数据作图和寻找异常数据等数据分析的能力,则是对中等职业学校学生的应有要求。

第八节 模拟教学法

模拟教学法是根据财务管理课程教学目标和内容创设接近真实环境或实际工作的不同情境,由学生在这种情境中分别担任不同角色,通过角色扮演来进行实践学习,实现知识迁移和能力提高,教师只进行引导、分析、评价和总结,旨在培养学生创新能力、综合分析能力、反应能力、思维能力、语言表达能力、团队协作能力以及言谈举止和风度气质等方面的综合职业素质。

一、模拟教学法的定义

模拟教学法(simulationsmethode),即在一种认为创造的情境或环境里学习某职业所需的知识、技能和能力,给人一种身临其境的感觉,更重要的是提供了许多重复的机会和随时进行过程评价的可能性,能够使学生进行自我建构,是一种基于行动导向教学观的教学方法。模拟教学分为模拟设备教学与模拟情境教学两大类。模拟设备教学主要是靠模拟设备作为教学的支撑,其特点是不怕学生因操作失误而产生不良的后果,一旦失误可重新来,而且还可以进行单项技能训练,学生在模拟训练中能通过自身反馈感悟正确的要领并及时改正。模拟情境教学主要是根据专业学习要求,模拟一个社会场景,在这些场景中具有与实际相同的功能,以及工作过程,只是活动是模拟的。通过这种教学让学生在一个现实的社会环境氛围中对自己未来的职业岗位有一个比较具体的、综合性的全面理解,特别是一些属于行业特有的规范,可以得到深化和强化,有利于学生职业素质的全面提高。模拟情境教学法是在教师指导下学生在一种近似于真实的环境中进行学习的教学方法。

二、模拟教学法的特性

模拟教学法能够最大限度地调动各学员的学习兴趣,使学员在培训中处于高度兴奋状态,充分运用听、说、学、做、改等一系列学习手段,开启一切可以调动的感官功能,对所学内容形成深度记忆,并能够将学到的管理思路和方法在实际工作中很快实践与运用。在模拟教学中学员得到的不再是空洞乏味的概念、理论,而是极其宝贵的实践经验和深层次的领会与感悟。

(1)实践性。模拟教学法突出实践模拟演练,让学生扮演角色,模拟演练生活中的特定场景,在演练中运用所学知识解决实际问题。这种教学方法能有效地达到理论与实践相结合、学与用相结合,有助于提高学生的实践操作能力。

（2）趣味性。模拟情境教学法在仿真的情境中，学生扮演各种角色，在表演、游戏中学习运用知识。这使得整个教学过程生动、有趣，充分地激发学生的兴趣，有效地调动学生的积极性、主动性，达到"寓教于乐"的目的。

（3）开放性。在无背景的情境下获得的知识，经常是惰性的和不具备实践作用的。模拟情境教学法以社会、市场对人才的需求为导向，以提高学生的各项实践能力为目标，设置与现实生活中相类似的场景，把社会场景搬入课堂，把课堂教学与社会现实生活紧密结合起来，这样的教学具有开放性，有助于应用型人才的培养。

三、模拟教学法的实施

（一）精心准备，设计引导材料

实施前的准备集中在两个方面：一是教师。教师应根据自己的教学内容和进度选择相关的模拟环境及职业岗位，选定的模拟环境最大限度地接近实际工作环境及岗位分工，这有助于学生掌握所学的财会专业理论知识与技能。环境及岗位分工一旦确定，教师应充分分析其所涉及的技能点，并预测学生模拟实践中可能出现的问题，以提前制定措施应对。为了指导学生做好准备，教师可为学生准备"引导材料"，在"引导材料"中，可采取列条式或连续提问式，大概描述此岗位应讨论的问题及方向。二是学生。学生应充分做好包括课本知识的预习、熟悉"引导材料"的内容、学习相关理论的课前准备，以便在课堂上能广开思路，积极发言，使模拟教学真正达到预期效果。

（二）从实际出发，调整教学内容

教材是为教学服务的，而教学的主体是学生，因此，教材最终应为学生服务。专业教学内容必须突破传统架构，不断创新，以岗位任务的形式设计教学项目，在岗位模拟的实践中将书本知识内化为会计岗位工作过程的知识和技能。

（三）引导学生融入岗位，体验岗位要求

由于教师设计准备的"引导材料"可能涉及在几个岗位的轮换，而且在实体企业中也必然会涉及岗位之间的相互协作。例如，在编制财务报表这一节点上就会涉及材料、成本、费用、收入等相关会计人员涉及的业务处理等岗位角色轮换体验。但是学生缺乏实际的工作经验，对模拟岗位的具体情况不甚了解，因此，教师就需要简单地描述每个工作岗位的作用及相互协作，引导学生融入岗位，完成模拟操作。

（四）引入竞争机制，促进学生合作与竞争

学生能否积极主动地参与到教学中来是提高课堂效率的关键。合作学习能集众人智慧，更好地解决问题，有利于激发学生合作探究的兴趣，培养学生团结进取的精神，形成责任意识和规范意识。与此同时，培养学生的竞争精神和竞争能力是社会发展的要求，也是职业素养的重要组成部分。在课堂中引入竞争机制能给学生提供个性发展的机会并创造良好的条件，能让学生充分展现自身的潜能，感受力争使自己超过对手的过程。在小组合作中引入个人与个人、小组与小组之间的竞争，一方面能使学生充分融入课堂，激活课堂气氛，加深对岗位技能的理解与掌握；另一方面有利于学生养成独立思考、自主学习的良好习惯，增强学生的学习兴趣，注意向竞争对手学习，使团体合作朝气蓬勃，充满生机。

（五）发挥教师主导作用，突出学生主体地位

在岗位模拟教学中，学生是学习的主体，让学生主动并有效学习，而且让学生明白要做什么，不能做什么。因此，教师在教学过程中应该做到精导妙引，而且应贯穿于课堂的始终。如果教师单纯地强调学生主动参与、积极探究、充分发挥各种潜能，被动地跟着学生的思维转，那么学生的探究活动必然是漫无目的，教学目标也就难以实现。

四、实施情景模拟教学的要求

（一）对教师的要求

在整个模拟过程中，教师既是编剧，又是导演。作为编剧，教师要收集案例，编定情景模拟指导书（"剧本"）。这就要求教师必须深入企业及其他组织，收集活动素材，并编写成剧本；或者从电影、电视中收集相关素材编写成剧本。作为导演，教师要有较高的实践能力，要有较强的情景设置和控制能力，还要有较强的发现和分析实际问题的能力。因此，教师应深入企业实践，去企业兼职或挂职锻炼，参与企业的各项活动，熟悉工作内容和技能。

（二）对学生的要求

为使模拟教学达到更好的效果，学生要做好充分准备。首先，要有一定的理论基础，理论知识是情景模拟的基础，应重视理论知识的学习。其次，要认真对待模拟。模拟虽然是角色扮演，具有一定的趣味性，但是模拟的目的并不是角色扮演本身而是通过模拟巩固所学知识及提高实践能力，所以不能为模拟而模拟，在模拟过程中要不断思考问题。最后，学生要有吃苦耐劳和潜心钻研的精神，要花工夫去钻研和琢磨背景材料和角色特征，这样模拟才能更逼真。

（三）对学校的要求

模拟教学属于实践教学环节，学校在做课程计划的时候要保证一定的实践教学课时，提高校内实践教学课时量。实施模拟教学需要学校加大资金投入，加强对财务管理类专业课程实践场所及基地的建设。学校应出台激励措施，鼓励教师到企业、组织进行调研或实践锻炼，以提高教师的实践能力，促进教师综合素质的提高。

总之，模拟教学法可以让学生获得真实的综合训练，有效地提高学生的实践能力，

帮助学生掌握一定的从业会计日常工作的方法，为将来从事会计工作打下坚实的基础。

第九节　四阶段教学法

德国著名教育家赫尔巴特正是依据兴趣的四个阶段（注意、期望、要求、行动）提出了极为著名"四段教学法"。

一、四阶段教学法的定义

赫尔巴特以心理学为基础，通过研究发现，学生在接受新事物时，总有一条明显的思维主线，即"明了—联想—系统—方法"。即在教学中必须引起学生的注意和兴趣，同时必须让学生在原有观念的基础上掌握新的观念，教师运用叙述教学法、分析教学法和综合教学法等各种教学方法，使学生通过专心达到"明了"与"联想"，通过审思达到"系统"和"方法"，这就是著名的"四段教学法"。

（一）明了

"明了"（clearness）是了解新出现的个别事物，它相当于出现某种新"问题"。这是教学过程的第一步，由教师讲授新教材。为了使学生真正明了个别事物，教学速度必须放慢一些并尽量将教学内容分解为小步骤。要求教师在讲解时应尽量明了、准确、详细，并和意识中相关的观念（已掌握的知识）进行比较。教师主要采用提示教学，也可辅之以演示，包括实物挂图等直观教学方式帮助学生明了新观念，掌握新教材。学生这一阶段的心理状态是静止的专心活动，其主要表现为注意，注意教师对新教材的提示，集中精神对新的概念、教材进行钻研，努力明了新概念。

（二）联想

"联想"（association）是将新出现的个别事物与经验观念中的原有事物联系起来考虑，初步形成新旧事物之间的某种暂时的"关系"，它相当于针对新问题而初步提出某种"假设"。赫尔巴特将这种从明了到联想的心理活动称为"专心"。学生此时的心理状态是动态的专心活动，这种钻研活动可使学生新掌握的观念、教材与以往已有的观念之间产生联系。由于新知识与原有知识间的联系在开始时尚不清晰，处于一种模糊状态，心理表现为期待，希望知道新旧观念联系起来所得的结果。教师应采用分析教学，和学生进行无拘束的自由谈话，引起统觉过程，使新旧知识产生联合。

（三）系统

赫尔巴特讲的"系统"（system）是针对初步形成的新旧事物联系（假设）进一步检查，使新旧事物处于恰当的位置。经过"联想"阶段后，学生的新旧观念、新旧知识已经产生了联系，但还不系统，需要一种静止的审思活动。学生应在教师指导下，在新旧观念联系的基础上进行深入的思考和理解，并寻求结论、规律。学生心理状态是静止的审思活动，心理上的特征是探究。教师可采用综合教学，通过新旧教材对比联系，将知识形成概念、定义、定理。

（四）方法

"方法"（method）是通过重复推广应用，进一步验证原来假想的关系。赫尔巴特讲的"方法"即"应用"（或练习），如作业、写作与改错。让学生在类似的情境中获得对新知识的理解、提升、抽象，因为这里可以表明学生是否正确地把握主要思想，能否应用它们。学生对观念体系的进一步深思，其心理状态表现为一种动态的审思活动。学生会产生把系统知识应用于实际的要求，其心理特征是行动。教师可采用练习法，指导学生通过练习、作业等方式将所领会的教材应用于实际，培养学生逻辑思维的技能。

二、四段教学法中各个阶段特征关系

四阶段教学法中各个阶段的特征及相互关系可以概括为如表 6-1 所示。

表 6-1　四阶段教学法各阶段对比表

阶段/特征	明了	联想	系统	方法
观念活动	静止状态的专心	活动状态的专心	静止状态的审思	活动状态的审思
教学方法	提示教学、分析教学	综合教学	更高形式的综合教学	练习
兴趣特点	注意	期望	要求	行动

三、四阶段教学法应用注意事项

（1）掌握教学对象的情况，即对所要教的学生的学习、生活情况能有一些粗略地了解，如学生的动手能力怎样，班级中相对的"差生"情况是什么样的等。做好这一部分的准备，将很有利于教师在整个教学过程中掌握主动权，处于有利的地位，"知己知彼"才能有效地在教学中因材施教、因人施教。对于实习设备性能的了解以及充足的理论知识的准备等也都是至关重要的，如果不对所用的设备熟悉，将会影响到课程教学的有效性，使得教师在教学上处于被动，甚至会出现教师准备的课程与教学设备不相符，令学生产生知识上的混淆。

（2）在四阶段教学法的教学过程中，其侧重点是不断发生变化的，第一阶段、第二阶段以教师为主，第三阶段、第四阶段以学生为主，最终目的是完成已确定的教学目标，教学目标的制定强调技能目标的达到，并要注重合作意识和安全意识的提高。

（3）教师主要采用提示型的教学样式讲授教学内容，不过随着教学环节的延展，也采用评价、教学对话等共同解决型的教学样式。学生学的活动更多的是接纳性的，主要通过倾听、观察、模仿、练习等形式进行，学生可以有计划、有目的地感知对象，更好地掌握知识和能力。同时，教师操作的熟练、准确程度不仅保证了学生在稍后模仿的正确性，而且从教师本身树立形象、建立威信这一角度来说，也是很有帮助的。教师要在示范操作的同时，附以生动的讲授说明，让学生明确这是在做什么、怎样做、为什么要这样做，这样能充分调动学生的学习情绪，达到眼、耳、脑并用。教师在进行分段、分步骤示范时，等于是给学生进一步地剖析了操作规程，这时要注意突出重点，并可根据教师的实践经验将常会出现的错误给予指出。

（4）教师可以根据该单元操作步骤的难易及复杂程度，采用学生独立模仿和先分组观摩，后独立模仿操作（小组讨论式）两种教学组织方法。学生独立模仿操作这种教学组织方式，其应用对象是操作步骤相对单一的，注重提高熟练程度。

（5）完成某一阶段课题教学时，教师根据课题要求布置习题让学生去独立完成，而教师在旁指导监督、观察完成习题的整个过程，认可学生练习的结果，及时地纠正出现的错误。由于实训操作结果有其时效性，因此，教师最好能对学生在练习中的对错当场做出反馈，以巩固学习成效。

四、四阶段教学法适用范围

教学是整个教学过程中重要的一个环节，其任务就是通过实习使学生巩固、加深、补充理论课所学到的知识，从而掌握必要的职业技能，是培养合格人才的有效保证。学生在实习、实训学习过程中一般会有以下几个阶段：①观察，即无意识地学习阶段。②尝试，学生通过尝试，认识正确的方法，消除错误的因素。③模仿，或叫机械地学习，这一阶段学生能够学习某一整体的各部分，但还不了解相互间的关系，容易忘记。④练习，通常是完成老师布置的任务，通过练习，使学生掌握操作技巧，动作过程趋于成熟。⑤领会和理解，在这一阶段，知识得到全面领会理解和消化，学生把现在所掌握的知识与过去的知识统一起来，形成比较，产生联想。⑥形成认识，学生学会独立解决问题的方法。基于以上一些学习过程和特点，在专业实习教学中都可以采用四阶段教学方法。

本 章 小 结

本章内容要求掌握中等职业学校财务管理类专业主要的教学方法，要求能熟练运用各种教学方法有效实施教学，并能根据教学目标及任务选择与合理组合教学方法。

思考题

1. 各种教学方法之间的区别和共同点是什么？
2. 选择一种你喜欢的教学方法，做一个完整的教学设计。

第七章 中等职业学校财务管理类专业教学方法举例

学习目标：
1. 熟悉常用教学方法教学设计方案编制的内容。
2. 掌握常用教学方法教学设计方案的编制与实施的方法。
3. 能够利用所学知识对教学方法的教学效果进行基本的评价。
4. 熟悉不同教学方法的特点和适用范围，学会不同教学方法的综合利用。

诸多教学方法不是孤立存在的，相互之间有着千丝万缕的联系。如何合理地运用这些方法，才能获取最佳的学习效果呢？最简单的回答是"运用教学方法需要根据不同的教学内容和教学要求，进行科学合理的选择与优势组合，而不是简单叠加"。下面主要介绍几个典型的教学方法运用案例。

第一节 情境教学法案例

财务管理类的课程都是集抽象性、专业性、实用性和操作性为一体的课程，学习兴趣是推动学生探求知识和获取能力的强劲动力。"兴趣是最好的老师"，因此一堂课成功与否关键在于教师能否有效激发学生的学习兴趣。教学实践表明，情境教学法不失为激发学生学习兴趣的一种行之有效的方法，是实现教学效益最大化的重要途径之一。现以"坏账准备计提及账务处理"为例，说明情境教学法在财务管理类专业教学中的应用，如表 7-1 所示。

表 7-1 情境教学法教学方案

课题名称		坏账准备计提及账务处理	学时	1 课时
教学目标	知识目标	掌握坏账准备计提及账务处理		
教学内容	教学重点	1. 坏账准备金的计提 2. 坏账的发生及坏账转销又收回的账务处理		
	教学难点	期末坏账准备金计提额的计算		
教学方法	情境教学法			

续表

情境教学法教学过程设计

教学阶段	教学内容	教学实施	设计意图
复习导入	旧课复习 1. 复习"坏账准备"账户 2. 回顾"备抵法"的概念及内涵	1. 列示 T 型账 2. 点评学生作答的情况	1. 温故而知新 2. 分析问题，排除错误，真正解决问题
新课呈现	一、概述 1. 余额百分比法的概念 2. 提取比例（略） 二、坏账准备的计算 1. 当坏账准备账户无期初余额，本期没有发生坏账时 情境问题一：天鸿公司本年有应收账款发生，但没有坏账发生，问：需要计提"坏账准备"吗？ 例题：天鸿公司 2014 年年末应收账款余额为 100 万元，计提比例为 3‰，则年末坏账准备的提取额是多少？同步练习 1：飞越公司 2013 年年末应收账款余额为 120 万元，坏账准备账户无期初余额，按 5‰计提 2013 年坏账准备金 2. 当坏账准备账户有期初余额，本期发生坏账损失或转销的坏账收回后需补提时 情境问题二：如果有期初余额，实际计提额应如何计算？ 例题：天鸿公司 2015 年 8 月发生坏账 2 000 元，年末应收账款余额为 80 万元，计提比例为 3‰，则年末坏账准备的提取额是多少？ 同步练习 2：飞越公司 2014 年 8 月发生坏账损失 2 000 元，年末应收账款余额是 100 万元，按 5‰计提 2014 年坏账准备金	利用幻灯片资料创设情境：天鸿公司资金链出现问题，资金周转困难，于是，加紧了往来欠款的追收。在追讨欠款过程中，出现了许多不同状况，引起了各方人员的深入思考 1. 利用幻灯片创设情境问题一 （1）利用黑板列示"T"型账、计算过程、账务处理。引导学生注意观察，推导出计算公式 （2）学生思考后回答按年末应收账款的一定比例，计算多少提取多少 认真听讲，积极思考，仔细观察 2. 利用幻灯片创设情境问题二 （1）黑板列示"T"型账、计算过程、相关账务处理。师生共同完成例题并推导出公式 （2）学生相互讨论，完成练习。基础相对较弱的学生将练习 2 作为思考题 3. 重点讲解如何计算计提前余额、应计提额，同时引导学生注意观察期末坏账准备余额 4. 引导学生推导计算公式 5. 利用幻灯片列示同步练习 2	1. 从易到难组织教学，使学生进一步明确"坏账准备"的计提是为了预防风险。循序渐进的安排教学，逐层剖析，利于学生全面掌握 2. 逐步加深的教学内容，以培养学生的逻辑思维能力，为下节课内容的学习打好基础 3. 练习的分层设计，符合学生思维的递进性，并能使他们有一定的成就感。同步练习，检测学生的掌握情况，及时调控 4. 知识的延伸，利于学生思维能力的培养
当堂思考	接同步练习 2：飞越公司 2015 年 9 月发生坏账损失 1 000 元，同年 11 月以前转销的坏账又收回 800 元，年末应收账款余额是 110 万元，按 5‰计提 2015 年坏账准备金	幻灯片列示思考题内容	为下节课学习打下基础
效果评价	通过课堂巡视，检查学生同步练习完成情况，对普遍存在的问题重点讲解。讲练结合，达到较好的教学效果。通过创设问题情境，增强学生感性认识，激发学生学习动力		
教学反思	在本节课教学过程中，借助于多媒体演示和学生的积极参与，大大提高了学生的学习兴趣及课堂效率，通过创设情境，以问题的形式呈现，引发学生主动思考，充分体现了以学生为主体的教学理念，让学生身处情境，感知学习的乐趣，进一步增强学生学习的信心		

在财务管理类的教学课堂上，适时地借助情境教学，进行一系列与财务管理类的职业有关的活动，可以使学生尽快进入角色，让学生感受到自身价值的不断提高。

第二节　项目教学法案例

项目教学旨在配合理论教学的内容，让学生将所学知识理论联系实际，在实践操作中得以应用。在项目教学中要突出学生学习的主动性，教师只起引导作用，提醒学生在完成项目时应注意的问题，要求学生自己分析问题，解决问题，从而掌握本节课的重点难点。现以"红字更正法"为例说明项目教学法在财务管理类专业中的应用，如表7-2所示。

表7-2　项目教学法教学方案

项目名称		红字更正法	学时	2课时
教学目标	知识目标	1. 熟悉红字更正法的适用范围 2. 掌握红字更正法的具体操作方法		
	技能目标	1. 能熟练运用红字更正法对适用错账进行规范的更正，能举一反三地分析问题、解决问题 2. 学会"发现错账→分析错账类型→选择适当的方法→更正错账"的能力，培养学生"发现问题→分析问题→解决问题→对比归纳"的能力 3. 提高学生的动手能力，同时有助于学生形成熟练、准确、规范的操作习惯		
教学内容	教学重点	红字更正法的操作步骤		
	教学难点	红字更正法的适用范围及具体运用		
教学方法	项目教学法			
教学准备	项目说明	对悦翔公司4月账簿记录存在的错误进行更正		
	项目任务	结合所学知识，根据情景案例，通过对账，发现错账，完成对错账的更正		
	前期准备	1. 设计悦翔公司4月经济业务登记记账凭证 2. 根据记账凭证登记日记账、明细账、总账 3. 将学生进行分组创设企业工作情境		

项目教学法教学过程设计

教学阶段	教学内容	教学实施	设计意图
导入	展示根据悦翔公司4月的相关经济业务已登记好的记账凭证、日记账、明细账、总账。检查、分析发生错账的原因	1. 学生通过检查和分析，发现存在的错误 2. 学生分析导致错账的原因，明确本节课的项目任务 （1）适用的错账类型 （2）错账更正具体操作	创设教学情景，模拟"对账—发现错账—更正"的工作
自主完成项目	1. 小组讨论所给案例中的错账类型 2. 小组讨论红字更正法适用哪些错账类型 3. 小组讨论该如何更正，并进行尝试 4. 小组归纳红字更正法的适用范围及具体操作步骤		讨论分析，锻炼学生以团结协作的方式发现问题，分析问题，解决问题的能力
理论讲解与实际操作相结合	项目完成结果的归纳 红字冲销法（差额冲销法和全额冲销法），根据讨论结果和教师分析点评，从简入手，逐步深入，分类突破	教师简单讲解红字更正法的概念和适用范围以及更正过程	在学生讨论的基础上，加以讲解说明，使学生掌握的知识更系统化。学生自主讨论、动手操作突出了学生的主体地位，锻炼了学生的动手能力和操作能力
展示评价归纳总结	展示学生动手更正的错账，进行评价，巩固所学的知识并揭示知识点的联系区别	教师进行点评，对学生实施项目中发现的问题进行归纳、解析	从项目实施的全过程来分析，评价学生，鼓励学生，使学生享受到成功的喜悦

项目教学法教学方案的具体做法如下。

(一)设计项目任务

1. 确定教学目标

终极目标:熟练运用正确的错账更正方法对错账进行规范的更正。

分解目标:①红字更正法的适用范围;②红字更正法适用的错误类型;③红字更正法的操作要求;④具体的更正操作。

2. 工作任务

根据教师提供已记账的记账凭证和登记的账簿,查找错误,判断账簿的错误类型,并选择适当的方法进行更正,最后比对更正效果并进行筛选讨论。

学生判断记账凭证是否正确,以及属于什么类型的错误,并更正错账。

(二)学生实施项目,尝试完成任务

根据教师提供的已记账的记账凭证和登记的账簿,由简到难,从画线更正、简单入手,到补充登记,逐步深入,再到红字冲销,分类突破。先分析产生错误的原因,根据原因,逐步分析应采用的方法,具体应该如何去改正。学生分组讨论,制订计划,教师进行巡回指导。

第一步,根据资料小组分析讨论,教师巡查了解各组情况,引导学生自己分析账簿错误类型。最终得出结论错账类型主要有两种:①记账凭证无误,但是账簿错误;②记账凭证错误,导致账簿错误。

第二步,分析讨论类型 1:记账凭证无误,但是账簿错误。教师引导学生观察账簿上的错误是如何产生的(结论:笔误),同时提醒学生,作为会计人员,工作应该严谨认真。引导学生讨论如何更正,经过归纳总结后,学生动手进行操作。

第三步,分析讨论类型 2:记账凭证错误,导致账簿错误。引导学生分析凭证错误,得出结论,最后教师对结论进行归纳总结,如表 7-3 所示。

表 7-3 凭证、账簿同时错误的更正方法

错账类型		更正方法	更正步骤
证错账错	金额少记	补充登记法	账证同改
	金额多记	红字冲销法	账证同改
	科目用错		
	方向错误		
	混合错误		

第四步,学生动手操作,按照讨论的结论及教师的讲解采用正确的方法进行错账更正,教师巡查指导,及时指出学生操作中的错误。

整个过程中,学生要学会观察,能发现问题;学会归纳,能分析问题;学会总结,

能解决问题。

（三）项目教学法效果评价

考核评价项目成果：学生完成工作任务后进行成果的展示和交流，教师进行点评，对学生实施项目中发现的问题进行归纳、解析。从项目实施的全过程来分析，评价学生，鼓励学生，使学生享受到成功的喜悦。

项目教学法的实施是会计教学策略的选用，突出了新时代以"学"为主，而不是传统的以"教"为主的教学理念，从分析到操作，从质疑到拓展，都突出了学生的主体地位。同时锻炼了学生的动手能力和操作能力，能使课堂教学适应初级会计人员工作的需要，为学生以后就业打好基础，也让学生掌握了自主学习，合作学习，探究学习的方法，以适应新时代终身学习的需要。

第三节 角色扮演教学法案例

在实际教学中，角色扮演法经常通过课本剧等形式表现出来。这种教学方法随着课程改革的不断推进，正越来越多地运用于财务管理专业各科目日常教学。

承德食品有限公司（以下简称食品公司）是承德市平泉县的一家食品加工企业，采购部业务员刘江龙到承德避暑山庄企业集团酒业有限公司（以下简称山庄集团）销售部采购白酒，山庄集团是河北省的一家著名的酒业生产企业，本节课的教学设计就是围绕着这一购销业务所涉及的知识点展开的。通过本节课的教学活动，使学生掌握在发生实际经济业务时是如何一步一步地完成核算任务的，在这一业务中，会接触到相关原始凭证、记账凭证、账簿等一系列的会计资料和数据，通过角色扮演法能让学生深刻体会真实的经济业务及流程，并考虑如何恰当地处理，体现出教学的仿真性特点，在这一节课中更突出了学生的实际应用能力，体现了职业教育培养技能型人才的特色。学生在有趣而严谨的课堂氛围中，通过自己的实践活动完成了学习任务，激发了他们的学习热情和积极参与的学习态度。

一、教学方案设计

角色扮演教学法是用演出的方法组织开展教学活动，可采用小品、短剧或实际模拟等形式，把科学性、知识性与趣味性巧妙地结合起来。开展教学之前，教师首先需要进行教学设计。表7-4是一个以转账支票填写为主题设计的角色扮演教学法的教学方案。

表 7-4 角色扮演教学法教学方案

授课对象	财务管理专业××班		授课日期	××年××月××日
教学内容	转账支票的填制		计划课时	1 课时
教学目标		知识目标	1. 正确理解财务工作是一个工作"流程" 2. 转账支票的填写要求及使用方法	
		能力目标	1. 能够准确规范填写转账支票的能力 2. 熟练处理转账支票相关业务的能力	
		情感目标	1. 培养学生耐心细致的工作作风 2. 强化学生在工作中的责任意识	
教学重点与难点		重点	转账支票的填写方法，相关印章的使用要求	
		难点	转账支票的使用过程的理解和把握	
教学方法	角色扮演教学法			
教学资源	企业财务会计教材、桌椅、扮演者需佩戴的胸牌、转账支票、进账单、收据、记账凭证、财务主管名章、财务专用章、个人名章、商品、银行存款日记账、水笔等			

角色扮演教学活动流程设计			
第一步：确定或引出要通过角色扮演所要解决的问题，使问题明确、具体		教师提出主题：转账支票结算方式，明确学习任务，提出业务背景方案，并动员学生积极参加表演	3 分钟
第二步	挑选角色扮演者	1. 山庄集团销售部业务员郭向军——A 同学扮演 2. 山庄集团出纳陈艳秋——B 同学扮演 3. 山庄集团会计主管牛文艳——C 同学扮演 4. 山庄集团开户银行（工商银行）业务员韩玉红——D 同学扮演 5. 食品公司采购部业务员刘江龙——E 同学扮演 6. 食品公司出纳金旭光——F 同学扮演 7. 食品公司会计王兰——G 同学扮演 8. 食品公司开户银行（中国银行）业务员朱海君——H 同学扮演	2 分钟
第二步	分配扮演者的任务	1. 郭向军：成功销售给食品公司一批酒，装车发货 2. 刘江龙：前去购酒一批，送转账支票一张 3. 牛文艳：盖章，编制记账凭证	5 分钟
第二步	分配扮演者的任务	4. 金旭光：签发转账支票，登记银行存款日记账 5. 王兰：编制记账凭证 6. 陈艳秋：检验转账支票，开出收据，填写进账单，办理进账，登记银行存款日记账 7. 韩玉红：办理收款，进账单盖章退回，传递凭证 8. 朱海君：划转款项给收款单位开户银行	5 分钟
第三步：创设场景，明确扮演者的行动路线		在教室放四组桌椅，分别代表收款单位、收款单位开户银行、付款单位、付款单位开户银行。八名扮演者对号入座，将准备好的物品放在桌上备用	3 分钟
第四步：安排观众所要完成的任务		观众要带着问题去观看，从表演中找到问题的答案。同时观察扮演者做的是否正确，评价表演效果	2 分钟
第五步：表演过程		食品公司采购部业务员刘江龙到山庄集团销售部采购白酒，销售业务员郭向军接待并达成交易，郭向军组织发货，刘江龙将填写完整的转账支票交给山庄集团的出纳陈艳秋，陈艳秋填写进账单到开户银行办理进账，开户银行的业务员韩玉红为其办理业务并划款入账	20 分钟
第六步：分析与评价		肯定优点，分析讨论问题与不足并加以评价	5 分钟
第七步：课堂小结		通过角色扮演，使学生了解转账支票结算业务流程，更生动的账务支票的填写要求，深刻体会工作人员的责任与担当	5 分钟

二、角色扮演教学法基本步骤分析

第一步：明确演出所要诠释的知识内容；确定或引出要通过角色扮演所要解决的问题，使问题明确、具体。分解知识点，做到条理清晰明确。

第二步：挑选角色扮演者，分配扮演者的任务（同教学设计中的第二步的角色与任务分配）。

第三步：创设场景，明确扮演者的行动路线。

第四步：安排观众所要完成的任务。不参加表演的同学，是重要的观众，观众要带着问题，用审视的眼光去观察、去体会、去学习、去掌握，最终解决问题，找到答案。当然，还可以就表演的整个过程进行评价。

第五步：表演过程。台词、动作、表情表演者随意发挥，越随便越自然越好。

第六步：感受与评价。扮演结束后，扮演者可以讲讲表演的体会（如成就感、责任感等）；观众可以说说观看的体会，也可以就扮演者以及故事和知识的呈现表达自己的想法；教师就整个过程做合理的点评，特别注意知识点的诠释和对同学们的鼓励。

第七步：课堂小结。主要阐述通过本节课学生应掌握的基本专业知识，激励培养学生的实际应用能力以及交际能力和语言表达能力，培养学生耐心细致的工作作风，树立学生在工作中的责任意识。同时要注意发现问题，提出新的任务和假设。

三、角色扮演教学法教学效果评价

通过角色扮演,可以更容易的达到教学目标和教学内容的要求,表演过程安排紧凑合理，内容充实，学生们的表演若能栩栩如生，不仅增强了课堂的趣味性，而且在活泼、愉快的气氛中不知不觉就可以调动学生的积极性，从而达到快乐学习的目的。

第四节 思维导图教学法案例

一、思维导图教学法教学方案设计

思维导图具有可视性和发散性特点，将思维导图运用于教学之中，将思想和知识图像化的思维导图教学法，可以有效地培养学生的立体思维能力，提高学生的学习效率。表7-5是一个以时间序列水平分析为主题设计的思维导图教学法的教学方案。

表 7-5 思维导图教学法教学方案

授课对象	财务管理专业××班		授课日期	××年××月××日
教学内容	时间序列水平分析		计划课时	1 课时
教学目标		知识目标	1. 利用思维导图掌握时间序列水平分析的四个指标，即发展水平、平均发展水平、增长量、平均增长量 2. 与时间序列水平分析相关的计算公式	
		能力目标	1. 如何绘制思维导图 2. 能将时间序列分析知识体系画成一张思维导图	
		情感目标	1. 培养学生的学习兴趣，调动学生的学习积极性，保持学生的学习主动性 2. 能帮助学生树立全局观念	
教学重点与难点		重点	如何绘制思维导图	
		难点	用思维导图体现出来的时间序列的水平分析指标体系	
教学方法	思维导图教学法			
教学资源	1. 白纸一张；2. 彩色图画笔和黑水笔；3. 投影仪			
思维导图教学活动流程设计				
教学步骤	教学内容			时间
第一步：教师布置教学任务	师生共同复习时间序列水平分析的主要内容，让学生体会到本章指标多，公式多，错综复杂，然后引入本节课的学习目标是利用思维导图掌握时间序列水平分析的主要指标			5 分钟
第二步：教师介绍思维导图的绘制步骤（展示例子）	1. 在纸的中央用一个彩色图像或符号代表本节课知识点的核心"时间序列水平分析指标"，开始画思维导图 2. 把写有主题的连线与中央图像连在一起，每条连线又可以分出几条稍细的分支。连线自然弯曲而不是像一条直线，体现思维导图的树形结构 3. 每条线上只有一个关键词 4. 在整个思维导图中要使用色彩、图像等			5 分钟
第三步：学生小组式学习，共同参与	各个小组的学生进行讨论，并将讨论结果利用准备的 A4 纸和彩笔等工具画成初步的思维导图。教师负责为学生解答问题，进行个别的指导			15 分钟
第四步：展示成果	各小组展示自己的成果，相互借鉴和学习			5 分钟
第五步：完善导图	教师展示教师做的思维导图，学生完善本小组绘制的思维导图			10 分钟
第六步：课堂评价	评价应当包括学生自评、学生间的互评和教师的评价			3 分钟
第七步：教师总结	教学内容的总结、概括和提炼			2 分钟

二、展示经学生完善了的思维导图

根据表 7-5 的教学方案进行讲解后，由学生以分组形式，对教师提供的思维导图进行完善，图 7-1 是学生完善后的思维导图。

三、教学评价

学生评价包括学生自评总结、学生间互评总结及教师点评。

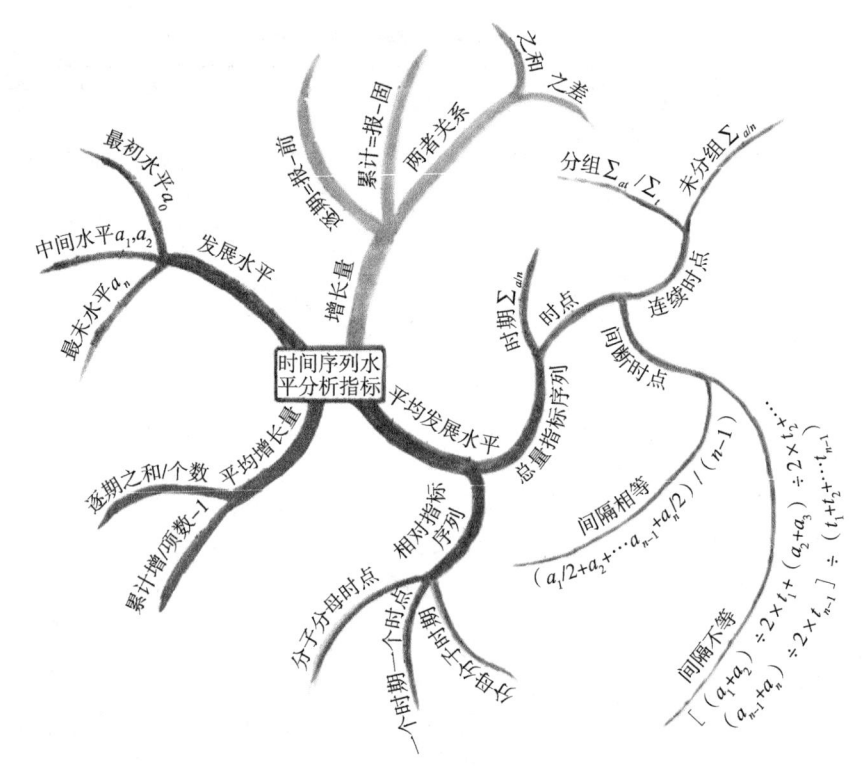

图 7-1　学生绘制的思维导图

四、思维导图教学法教学应注意的问题

（1）思维导图要求突出重点，清晰明了。每个学生的思维方式不同，知识体系不同，绘制的导图也不相同。所以，为了使导图效果最好，教师要对学生进行正向引导和及时点评。

（2）制作思维导图最重要的原则是运用联想思维、形象思维和直观思维。所以一个思维导图一定是一个既具有逻辑性（归纳、演绎、类比），又具有发散性，能充分体现制作者个性化，围绕关键词展开的概念关系图。教师在指导制作导图的过程中，不要太拘泥于现有的形式，要让学生尽可能开放思维，联想相关知识点。例如，使用各种相关的色彩、图示、符号来加深印象，以形成个人风格的图片。

（3）"思维导图"的训练要注重过程、形式与内容的结合，不能急功近利。在应用过程中，一些学生不愿意运用的原因是嫌麻烦。教师急于让学生成图，结果加大学生负担，适得其反。教师必须根据教学内容对思维导图的应用有不同的要求。如何使思维导图与学科特色和学生个人情况相结合，这是教师首先要思考解决的问题。

（4）运用思维导图教学法教学时，切记：作图不是目的，丰富知识、学会知识才是目标。所以不要在上课时一味地要求学生怎么画图才美观，学生就把精力错误地用在了如何画出漂亮的思维导图上了，忽视了学习知识，提高教学效率这一主要目的。

总之，思维导图是一种打开大脑潜能的强有力的图解工具。在财务管理专业的教学中运用思维导图软件，可以帮助教师备课，帮助学生树立全局观念，提高教学效率。

第五节　案例教学法案例

案例教学法通过学生主动参与，积极讨论，有针对性地运用理论去解决问题，从而加深对理论知识的理解，是通过"做中学"获得自己理解并能驾驭的知识，在工作中以解决实际问题。现以财务管理课程中的"库存现金的管理"为例说明案例教学法的应用。

佳美商场对其现金的管理采取下列处理程序。

（1）商场内的现金由四位柜台小姐操作两台收银机收存。

（2）为了保险起见，每台收银机内的钱数只要超过4 000元，就要放入财务科办公室内未上锁的抽屉中，直到当天下午存入银行为止。

（3）每日下午工作结束后，由会计人员清点抽屉中现金并存入银行，清点后发现现金长款100元，未做处理。

（4）商场内所有的支出由财务经理一人审核，并由财务经理签发支票。

（5）每月由会计人员编制银行存款余额调节表。

（6）每天由会计人员登记库存现金日记账。当天现金收入2 000元未入账，直接用于现金支出。

请对佳美商场现金管理的程序进行审核，找出其在内部控制制度方面的缺陷，并提出建议。

表7-6是一个以库存现金管理为主题设计的案例教学法的教学方案。

表7-6　案例教学法教学方案

课程名称		库存现金的管理	学时：1学时
教学对象		中等职业学校财务管理专业二年级学生	类型：新授
教学目标	知识目标	1. 库存现金概念及管理和控制原则 2. 库存现金的开支范围，库存现金限额，库存现金管理的内部控制	
	技能目标	1. 学会将理论知识运用到实际工作中，发现问题并处理问题 2. 通过学习现金的管理，进一步提高现金长短款及现金日记账登记的业务操作能力	
	德育目标	1. 培养学生严谨细致的职业素养和认真负责的工作态度 2. 培养遵纪守法意识，增强职业道德观	
教学内容	教学重点	库存现金管理的内部控制	
	教学难点	库存现金管理的其他规定	
教学方法		案例教学法、实物展示法等	
教学准备		把提前设计好的案例发给学生，学生认真阅读为课堂做准备，学生分成五组，选出组长做好笔录	

续表

案例教学活动流程设计		
教学阶段与内容	教师活动	学生活动
第一阶段：准备阶段 教师一定要精心选择和设计案例，使其有针对性、代表性	1. 了解会计案例中的议题 2. 采取列条式、连续提问式概括地描述出此案例应讨论的问题及方向 3. 课前将这些案例分给学生	1. 要求学生认真阅读案例 2. 做好充分准备，在发言中讨论
第二阶段：计划阶段	将学生分为五个小组进行讨论，其中一个人担任组长（负责记录讨论结果）	
第三阶段：案例教学法的实施（讨论阶段） 本节课在多媒体教室中进行，利用生动形象、具体直观的声像手段呈现给学生。 教师是整个教学的主导者，掌握着教学进程，组织讨论	1. 教师简要说明案例并提出问题 假定由你对佳美商场的库存现金交易处理程序进行审核，你认为库存现金的内部控制制度有何缺点，并提出建议 2. 教师根据实际情况引导学生从多角度进行讨论	学生积极思考，主动发言，由组长做好笔录
第四阶段：总结评价提高学习水平 先由学生进行总结，老师再补充，并指出讨论的成功与不足之处	教师运用多种方式、阅读和分析案例的能力、知识迁移能力进行总结，帮助学生形成完整的认知体系	每个小组派一名代表进行总结。通过讨论和总结，学生查缺补漏，自我改进 学生写出案例分析报告，对自己在案例阅读、分析、讨论中取得了哪些收获，解决了哪些问题，还有哪些问题尚待解释等进行反思、总结，并通过反思进一步加深对案例的认识

案例教学法教学方案的具体做法如下。

（1）提前发给学生案例，认真阅读。

（2）在多媒体教室中进行，利用生动形象，具体直观的声像手段呈现给学生。分成五组，每组六个人进行讨论，选一名作为组长，做好记录。学生进行讨论，教师巡查了解各组情况，引导学生分析。

（3）在小组讨论完之后，教师应留出一段时间让学生自己进行思考和总结，教师再进行补充、归纳和总结，做出恰如其分的评价，指出优点，分析失误。最后，学生写出案例分析报告。

案例中出现以下几点错误。

（1）收银机应由专人操作，不应由四人操作两台。四位柜台小组操作两台收银机收款，发生错误时，难以分清责任。在现有情况下，收银员交接收银机时应仔细清点机内现金，以分清责任。

（2）收入现金不应随意放置，应由专人负责接收。

（3）会计人员不应管理现金，此项工作应由出纳经手。现金长款应做现金溢余的账务处理。

借：库存现金　　　　　　　　　　　　　　　　　　　　　100
　　贷:待处理财产损溢——待处理流动资产损溢　　　　　　100

（4）财务经理不可一人既审核又签发支票，两项工作应分工。

（5）会计人员不应编制现金日记账，应由出纳人员编制，应日清日结。

（6）现金"坐支"行为不对，不能从现金收入中直接用于现金支出。

第六节　任务驱动教学法案例

职业活动情景：2015年1月3日，业务员王文出差，填制借支单预借差旅费2 000元，拟返回单位后3个工作日内办理有关报销手续；1月10日，王文出差回来，1月12日报销差旅费。

会计工作任务如下。

任务一：完成王文预借差旅费各岗位的工作内容。

任务二：完成王文报销差旅费各岗位的工作内容。

一、预借差旅费任务引领书

1. 工作任务

完成王文预借差旅费业务流程。

2. 任务要求

（1）各岗位人员遵循岗位职责及预借差旅费业务流程。

（2）各岗位人员认真完成岗位工作内容，如表7-7所示。

表7-7　预借差旅费业务财务人员岗位分工一览表

岗位	岗位工作内容
业务员	填写、传递借支单、预借差旅费
会计	审核借支单、填制记账凭证
部门主管	批准签名借支单
财务主管	核准签名借支单
出纳	根据借支单、支付现金

3. 相关信息

（1）业务信息：2015年1月3日，业务员王文出差，填制借支单预借差旅费2 000元，拟返回单位后3个工作日内办理有关报销手续。

（2）业务单据：借支单、现金、记账凭证（附件）。

4. 任务导向

任务一：讨论预借差旅费的业务流程，如图7-2所示。

任务二：初步认识并分类提供的原始凭证，分配各岗位具体工作。

任务三：学习和讨论"其他应收款"账户及账户结构。

任务四：根据提供的业务信息，讨论并完成凭证的填制、审核和传递工作。

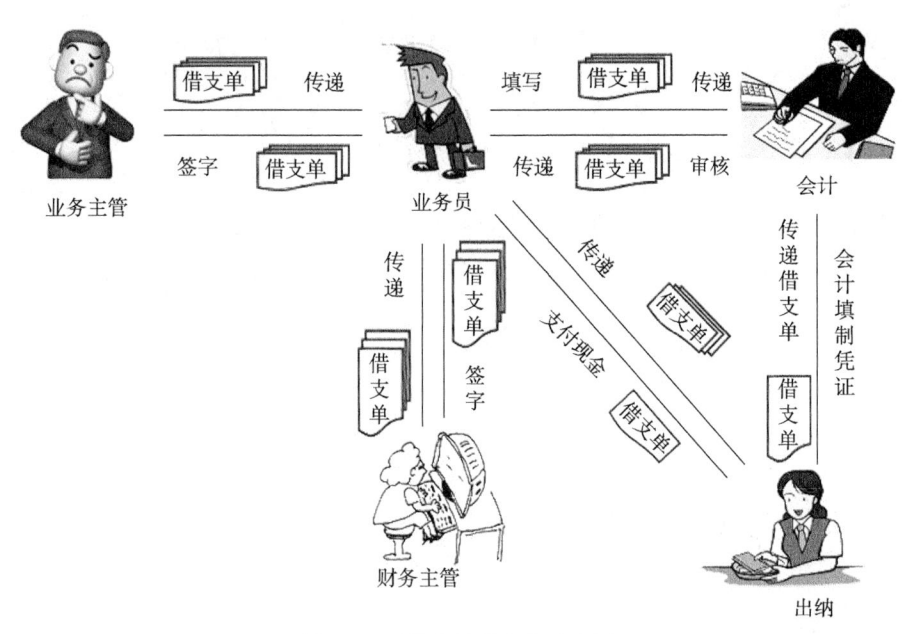

图 7-2 预借差旅费业务流程图

5. 过程安排

（1）小组内每个人独立思考（5 分钟）。
（2）小组内轮流发言（10 分钟）。
（3）小组内达成共识，完成任务（10 分钟）。
（4）成果展示，评价任务（20 分钟）。

6. 成果展示（张贴在后面）

7. 反思问题

二、报销差旅费任务引领书

1. 工作任务

完成王文报销差旅费业务流程。

2. 任务要求

（1）了解差旅费报销中各会计工作岗位的职责与工作内容。
（2）了解粘贴单据的方法。
（3）了解报销单的填制。
（4）掌握差旅费报销的基本流程。

3. 相关信息

（1）业务信息：2015 年 1 月 10 日，李华出差回来。1 月 12 日报销差旅费。
（2）业务单据：住宿票、火车票、报销单、收据、记账凭证。

4. 任务导向

任务一：讨论报销差旅费的业务流程。

任务二：初步认识并分类提供的原始凭证，分配各岗位具体工作。各岗位工作内容如表 7-8 所示。

表 7-8 报销差旅费业务财务人员岗位分工一览表

岗位	岗位工作内容
业务员	填写、传递报销单、报销差旅费
会计	审核报销单、填制记账凭证
部门主管	批准签名报销单
财务主管	核准签名报销单
出纳	根据报销单，对现金多退少补

任务三：根据提供的业务信息，讨论并完成凭证的填制、审核和传递工作。

5. 过程安排

（1）小组内每个人独立思考（10 分钟）。

（2）小组内轮流发言（15 分钟）。

（3）小组内达成共识，完成任务（10 分钟）。

（4）成果展示，评价任务（10 分钟）。

6. 成果展示（张贴在后面）

7. 反思问题

第七节 探究教学法案例

"基础会计"是中职会计专业的专业基础课程之一，学生能否从初中阶段的普通教育顺利进入职业高中阶段教育，它起着至关重要的作用。在教学中应用探究式教学，能更好地增强其会计职业能力的形成与发展。表 7-9 是以存货按实际成本计价的方法为主题设计的探究教学法的教学方案。

表 7-9 存货按实际成本计价的方法教学方案

教学环节	教学内容	设计意图	教学动态与调控
复习导入	随机发问，复习旧课 1. 外购存货的入账价值的组成内容 2. 外购存货中不同纳税人缴纳的增值税的处理有何不同 3. 外购存货中运杂费如何处理	1. 复习重难点 2. 发现学生掌握情况，查漏补缺	点评学生作答的情况，对错误答案分析，找出原因

续表

教学环节	教学内容	设计意图	教学动态与调控
提出问题 创设情境	利用教材、创设情境，了解存货按实际成本的不同计价方法与概念 根据 A 公司 5 月发生的两笔业务，分别计算 A 材料本月发出、期末结存的实际成本，并编制会计分录 业务题 1：A 公司 2005 年 5 月 1 日结存 A 材料 500 千克，实际成本为 4 元/千克；15 日生产甲产品领用 A 材料 400 千克 业务题 2：A 公司 2005 年 5 月 1 日结存的 A 材料为 500 千克，实际成本为 4 元/千克；8 日又购入一批 A 材料 300 千克，实际成本为 5 元/千克；15 日车间生产甲产品领用 A 材料 400 千克	创设情境，激发学生探究热情 业务题 1：复习原材料单位成本不变情况下，本月发出、期末结存实际成本单一 业务题 2：在材料单位成本有变化时，本月发出、期末结存实际成本会大有不同	教师通过创设情境，引导、启发学生比较两笔业务的不同之处；因组成存货的 A 材料单位成本不同，确定发出的 400 千克 A 材料的实际成本的计价方法就会有异，其结存成本也因为不同单位成本的存货数量组合不同而出现相应的演变规律
小组合作 组织探究	将全班同学分成 4 组，每组 7 人，组内成员分别负责不同的岗位工作（仓库、车间、行政管理部门、会计、采购等）；以彩色粉笔代表 A 材料的不同单位成本，绿色为 4 元/千克、蓝色为 5 元/千克；由同学动手操作，从仓库（粉笔盒）中领用 400 千克 A 材料 1. 领出的 A 材料有多少种颜色，分别有多少支 2. 每种组合中分别算出发出 A 材料的发出、结存成本 3. 仓库岗位的学生负责填写收料单，车间岗位学生负责填写领料单，会计岗位学生负责填写原材料明细账	1. 每组专设一领队，负责该组领料与分工，有组织能力、会计学习基础弱的同学也可以担任，以便调动其积极性 2. 组内成员或领料，或计算，共同完成小组任务，培养团队意识 3. 学生分工协作，可以激发学习兴趣	学生可能出现的计算 1. 业务题 1、2 中：从仓库领出 4 支全部绿色粉笔（先进先出法），发出成本=400×4=1 600 元；结存成本=100×4+300×5=1 900 元 2. 业务题 2 中：从仓库中领出 3 支绿色和 1 支蓝色粉笔（个别计价法），发出成本=300×4+100×5=1 700 元；结存成本=200×4+200×5=1 800 元 3. 业务题 2 中：从仓库领出 2 支绿色和 2 支蓝色粉笔（个别计价法），发出成本=200×4+200×5=1 800 元；结存成本=300×4+100×5=1 700 元 4. 业务题 2 中：从仓库领出 3 支全部是蓝色粉笔，1 支绿色粉笔（后进先出法），发出成本=300×5+100×4=1 900 元；结存成本=400×4=1 600 元
教师点评 得出结论	教师点评每个小组的答案，引导、归纳发出材料的实际成本计算方法 方法 1：先进先出法，是指材料成本结转顺序以"先入库先发出"为前提，具体是指发出材料以先入库材料的单价进行计价，确定发出材料成本的方法 方法 2：个别计价法，是指原材料发出时认定每件或每批材料的实际单价，以计算该件或该批材料发出成本的方法 方法 3：后进先出法，是指材料成本结转顺序以"后入库先发出"为前提，发出材料以后入库材料的单价进行计价，从而确定材料成本的方法	每组因为只领一次材料，所以只能得出以上四种答案中的一种，教师点评中，引导学生逐次分别体验用右边 3 种方法领用材料，从而了解该业务方法流程，进一步加深对原材料收、发过程的物流及资金流之间的关系，从具体到抽象、从个别到一般，理解这三种不同的计价方法	组内讨论、组间轮换，合作探究，俱有收获

续表

教学环节	教学内容	设计意图	教学动态与调控
采取行动 知识迁移	1. 业务题 2 中，按先进先出法、后进先出法分别计算的本月发出、期末结存材料实际成本结果不同，引导学生思考在原材料价格上涨情况下，材料本月发出、期末结存成本与价格变动趋势有何规律？从而得出后进先出法被现行"会计准则"排除的原因 2. 方法 4：加权平均法，是指以期初存货数量和本月购进存货数量作为权数来确定本期存货发出成本和期末存货成本的一种计价方法 其计算公式如下： 加权平均单价=（期初结存存货实际成本+本期收入存货实际成本）÷（起初结存存货数量+本期收入存货数量） 本月发出存货成本=本月发出存货数量×加权平均单价 本月结存存货成本=本月结存存货数量×加权平均单价 3. 引导学生概括个别计价法、先进先出法、加权平均法三种计价方法的优点、缺点及其适用情况，并强调熟练应用之	1. 在通货膨胀情况下，后进先出法计算得出的发出材料成本偏高，接近市价，体现谨慎性原则，但期末结存材料成本则偏低于市价，存货成本不能准确地反映期末存货的实际价值，也不符合现实存货流通中先收到先消耗或出库的规律 2. 当企业材料收发比较频繁、价格变动较大时，引出加权平均法及其优、缺点与适用情况的学习 3. 培养职业能力，树立职业操守与守法意识	1. 从资金的流转看，发出原材料成本采用不同计价方法，最终会影响企业利润，因此，现行"会计准则"排除后进先出法，教师对此强调并提醒学生，会计核算过程中，企业根据实际情况，选择一种计价方法，体现了职业判断，但一经选定，不得随便变更，必须遵循一惯性原则，从而让学生树立严格成本核算、遵守职业操守与"会计准则"的守法意识 2. 加权平均法： 5 月 A 材料平均单价 =（500×4+300×5）÷（500+300）= 4.375 元/千克； 发出成本 = 400×4.375=1 750 元；结存成本=400×4.375=1 750 元
布置作业 巩固成果	练习册本章本节相关练习题		

第八节 各种教学方法的综合运用案例

每一种具体的教学方法都有它自己独特的性能、使用范围和条件，单一的教学手段和教学方法不仅使课堂教学枯燥乏味也难以让学生更好地掌握知识并灵活运用知识，所以，选择教学方法要全面、具体，综合地考虑各种有关因素，进行多种教学方法的合理组合。灵活、合理地综合运用多种教学手段和教学方法是提高课堂效率的有效途径。

现以"购料付款业务教学方案"为例说明各种教学方法在财务管理类专业教学中的综合运用，如表 7-10 所示。

表 7-10 购料付款业务教学方案

专业：会计电算化、会计核算　　　　　　　　　　　　　　　　　　学习领域：企业财务

学习情境：购料付款业务	教学时间：1 学时
工作情景描述	将学生分组（5~6 人）成立模拟公司，公司名各组自定，2016 年 3 月 29 日各公司采购员前往本市红星工厂采购甲材料，价税款共计 11 700 元，货到如数验收入库，签发转账支票支付款项 要求： 1. 熟悉购料付款业务的流程 2. 业务员按规定任务组织采购，协调各方关系 3. 仓库保管员按规定验收货物后，填制收料单 4. 出纳员根据增值税专用发票、收料单签发转账支票

工作情景描述	5. 会计人员根据审核无误的发票、转账支票存根及收料单填制专用记账凭证 6. 会计人员根据记账凭证登记原材料明细账和应交税费明细账 7. 出纳员根据记账凭证登记银行存款日记账 8. 能够规范整理材料入库业务发生的相关核算资料 9. 工作过程中要遵守安全、严谨与 5S 的要求
学习任务	1. 利用学习辅助材料和网络资源，收集材料采购业务核算的相关知识 2. 根据增值税专用发票填制收料单 3. 根据转账支票填写要求开具支票 4. 依据审核无误的原始凭证编制记账凭证 5. 根据记账凭证登记原材料、应交税费明细账及银行存款日记账
与其他学习情境关系	本工作任务是财务会计核算中存货核算的非常重要的一部分内容，是存货核算的第一个学习任务，为后续的存货的收入和发出核算等学习任务做铺垫
学习目标	**知识目标** 1. 理解采购业务的业务操作程序及相关单据的填制、审核及传递 2. 知晓外购材料成本的构成以及购入材料分录用到的会计科目 3. 掌握材料入库时需要填的单据以及报销流程 4. 规范记账凭证以及明细账的登记 **能力目标** 1. 正确填制转账支票 2. 正确填制收料单 3. 根据审核无误的发票、转账支票存根以及收料单填制专用记账凭证 4. 能够根据记账凭证登记原材料、应交税费明细账及银行存款日记账 **情感目标** 创设职业情景，让学生在完成工作任务过程中得到更多的职业情境的熏陶和工作过程的体验。让学生合作完成任务，体会发现的乐趣，体验探究学习的过程，进而激发学生学习会计的兴趣
学习内容	1. 通过学习辅助材料及网络资源自主学习并搜集有关购料付款业务的相关知识，以明确购料付款业务的工作流程及各个工作岗位的岗位职责 2. 仓库管理员根据货物清单填制收料单 3. 出纳员根据发票及转账支票填写要求开具支票 4. 根据审核无误的发票、转账支票存根以及收料单填制专用记账凭证 5. 根据记账凭证登记原材料明细账、应交税明细账及银行存款日记账
教学资源	1. 教学设备：教学课件、投影仪 2. 学习资料：工作页（讲义）、学习材料、常见业务原始凭证（发票、收料单、转账支票、收付转及通用记账凭证、日记账、明细账、考评表等） 3. 教学场地：会计实训室（配置投影仪） 4. 教师安排：两名教师，其中一名是企业实践专家
教学方法与教学组织形式	1. 教学方法主要为任务驱动教学法、情境模拟教学法、角色扮演法 2. 全班学生分为 6 个学习小组，每组 5~6 人；教学过程以小组学习为主，教师指导与学生独立操作相结合，三种方式交替进行：学习准备、计划、评价反馈和知识扩展采取个人查阅资料、小组讨论、汇报展示、教师点评的合作学习方式；实施过程采取教师指导的学习方式，学生分组按照会计岗位分工、角色扮演，学生独立完成收料单填写、支票填写、编制记账凭证、登记原材料、应交税费明细账、银行存款日记账，整理会计资料的工作

教学过程	教学步骤	教学内容	教师活动	学生活动	时间分配
	课前准备	请每位同学上课前利用课后时间到商场购一物品，但需取得发票予以证明	课前布置学生，要求每一位同学到商场购一物品，并要求取得一原始凭证以证明完成任务	每一位同学上课时交回一原始凭证以证明已完成购物任务	1分钟
	案例导入	请学生讲述购货后，对自己的资金产生怎么的变化？对自己的货物又会引起怎样的变化	鼓励学生上台描述自己购货后的感受	讲述自己的购货过程，以及购货后自己的资金、货物分别产生怎样的变化	3分钟

续表

教学过程	创设职业情境	分组（5~6人）成立模拟公司，公司名各组自定，并设定业务员、仓库保管员、出纳、会计及财务主管岗位。教师充当供应商的角色	按5人为一组，组成模拟公司，小组成员分岗位	分组组建模拟公司并安排设定工作岗位	2分钟
	明确任务	购料付款	教师说明今天的工作：今天的工作是购买材料用转账支票付款，引导学生进入工作状态、营造职场氛围	听老师分析，明确本次课的工作任务及任务目标	2分钟
	分析任务	归纳购料付款业务流程，绘制流程图	1. 启发学生通过学习辅助材料和网络资源收集购料付款业务的相关知识，归纳购料付款业务流程 2. 选择学生说出购料付款业务处理的工作程序及各个岗位人员的职责，最后形成初步工作思路。各组将工作程序写下来，进行展示交流 3. 引导学生形成正确的工作思路和工作内容的设计	1. 小组讨论分析购料付款业务的工作流程 2. 学生活动，设计初步的工作流程，绘制流程图，书写答案 3. 展示发言，互相借鉴	10分钟
	实施任务	公司概况： 设定每组"银行存款"期初余额均为99 000元；"原材料——甲材料"期初余额为27 252元，单价1.80元，数量15 140千克	教师应要求每组清楚本公司的运行初始设定及运行要求	每组同学应了解本模拟公司营运情况，以便顺利进行以下业务	2分钟
		签发转账支票购买材料	1. 问题引导：填写支票的要点是什么？启发学生利用已学知识回答 2. 组织学生填写支票，教师巡视指导，对存在的共性问题统一讲解	1. 学生交流填写支票的要点：日期、收款人、大小写金额、印鉴等 2. 出纳填写支票，交会计审核盖银行预留印鉴 3. 学生展示填制完成的支票	5分钟
		业务员持支票前往供应商处采购材料	教师作为"供应商"准备好材料及发票	采购员持支票去供应商处采购材料	2分钟
		材料验收入库	1. 问题引导：材料验收入库需要填写什么单据？填写收料单要点是什么？启发学生利用已学知识回答 2. 组织学生填写收料单，教师巡视指导，对存在的问题统一讲解	1. 学生交流填写收料单的要点：材料名称、数量、单价、金额、用途等 2. 仓管员验货，填写"收料单"，并将第三联交财务人员 3. 学生展示填写完成的收料单	5分钟
		编制记账凭证	1. 引导学生思考：以支票支付采购材料款业务涉及哪些会计科目 2. 组织学生编制记账凭证 3. 指导学生审核编制的记账凭证 4. 组织学生展示凭证编制情况，并进行评价说明	1. 学生回答问题 2. 填制记账凭证、交主管审核盖章 3. 学生展示说明、其他学生注意观察	3分钟

续表

教学过程	实施任务	登记账簿	1. 指导学生分岗位登记银行存款日记账及原材料、应交税费明细账 2. 指导学生交主管进行审核；采用教师指导方式，全面巡查学生完成情况，及时解决各种问题 3. 组织学生展示、说明账簿登记结果，反馈在记账和审核中出现的问题，并给出正确的登记方法	1. 分岗位登记银行存款日记账及原材料、应交税费明细账 2. 将登记的账簿，交主管进行审核 3. 展示情况 4. 说明账簿登记过程，说明出现的问题和正确的登记方法	5分钟
	任务总结	教师做简要总结和说明，说明支票付款处理程序和工作要点	回顾本次支票付款业务程序，强调重点知识：收料单的填写、支票的填写、支票付款业务的会计核算方法及日记账、明细账的登记	复习课上重点知识，掌握完整的业务处理流程方法	5分钟
	学习成果	1. 收集购料付款业务相关知识，总结出知识要点 2. 对购料付款过程中的要点进行分析，写出分析报告 3. 制订购买材料、材料入库、转账支票付款的工作方案 4. 填制转账支票、收料单，编制记账凭证、原材料明细账、应交税费明细账以及银行存款日记账			
	考评标准	1. 收集的资料内容齐全 2. 分析流程图思路清晰、符合企业岗位需要 3. 手工填写收料单内容完整、正确规范 4. 手工填写支票正确，特别注意：填制日期是否大写、收款人必须写全称、大小写金额一致、签章准确规范 5. 手工填写支票内容完整、要素齐全、正确规范 6. 编制记账凭证三要素准确无误 7. 明细账、日记账内容完整、书写规范 8. 行为礼仪符合职场规范，参与小组工作积极			
	学业评价	1. 通过学生参与签发转账支票付材料款过程，完成工作页填写、收集信息资料（学生自评、教师评价） 2. 分析支票付款工作思路的完整合理（个人评价与小组评价相结合） 3. 独立完成收料单、支票、记账凭证、日记账登记的情况（小组评价和教师评价） 4. 在完成任务过程中的团队合作、沟通能力、学习态度、工作质量（小组评价、教师评价）			

本 章 小 结

本章内容要求掌握中等职业学校财务管理类专业各种教学方法的典型运用，培养教学能力。

思考题

根据财务管理类专业教学的特点，如何合理选择运用各种教学方法？各种教学方法有着什么样的内在联系？

第八章　中等职业学校财务管理类专业教学评价

学习目标：
1. 熟悉财务管理专业教学评价的含义。
2. 掌握财务管理专业课堂教学评价类型和评价标准。
3. 掌握财务管理专业课堂教学评价的具体操作步骤。
4. 熟悉财务管理专业课堂教学评价的作用。
5. 了解财务管理专业课堂教学评价的发展趋势。
6. 熟悉中等职业学校财务管理类专业教学评价指标的内容。
7. 掌握财务管理专业课堂教学评价的方法。

当一堂课在活跃的气氛里顺顺当当地进行下来，当学生和教师都享受着学和教带来的成就感，教学才算得上成功、高效吗？应该如何衡量成功、高效呢？这就需要必不可少的教学评价。对教学过程和结果，对教学活动现实或潜在的价值进行判断并使其服务于教学决策。教学评价应该成为一种动能，更好地促进教学质量的提升，推进教学的改革与创新，促进教师和学生的成长和可持续发展。下面就来熟悉一下教学评价的各项内容。

第一节　中等职业学校财务管理类专业教学评价标准

教学评价不仅应关注教师的教，更重要的是关注学生的学，强调教学内容与学生生活以及现代社会和科技发展相联系，倡导学生自身的主动，学生之间的合作、探究，重视学生学会学习和形成正确的价值观，培养创新精神和实践能力。

一、教学评价的含义

教学评价是指以教学目标为依据，制定科学的标准，运用一切有效的技术手段，对教学活动及其结果进行测定、衡量，并给以价值判断的过程。教学评价是对教学工作质量所做的测量、分析和评定。它是教学管理过程的一个重要环节，有效地开展教学评价是提高教育教学质量的重要手段。

教学评价一般包括对教学过程中教师、学生、教学内容、教学方法和手段、教学环境、教学管理诸因素的评价。教学评价主要有两个核心环节，即对学生学习效果的评价和对教师教学工作（教学设计、组织、实施等）的评价。

要做好教学评价，必须做到以下几点。

首先，教学评价要以教学目标为依据，教学目标是在教学活动中所期待的学生的学习结果，它规定了学习者应达到的目标能力水平。教学之后，学习者在认知、情感和动作技能等方面是否产生了如教学目标所期待的变化，这是要通过教学评价来回答的。因此，教学评价依据的标准是教学目标，离开了明确具体的教学目标就无法进行教学评价。

其次，教学评价需要采用一些有效的技术手段。通常，通过测量来收集资料，但是测量不等于评价，测量是指以各种各样的测验或考试对学生在学习和教师在教学过程中所发生的变化加以数量化，给学生的学习结果赋以数值的过程。评价是对测量结果做价值判断的过程。可见，测量是评价的前提和重要手段，但并不等于评价。另外，虽然测量是评价的重要手段，但并不是唯一的手段。教学评价还可以通过一些非测量的方法如观察、谈话和收集学生的作业、作品等有关资料来实施。尤其是信息技术的发展，给教学评价提供了很多方便、快捷的测量、跟踪和统计等工具。

最后，教学评价要对教学的过程和结果进行评价。教学评价，不仅仅是评价教学的结果，更要对教学的过程，对教学中的方方面面进行评价。信息技术环境下的教学设计要改变以往单一评价主体、过分重视总结性评价的教学评价方法，强调多元评价主体、形成性评价、面向学习过程的评价，由学生本人、同伴、教师对学生在学习过程中的态度、兴趣、参与程度、任务完成情况以及学习过程中所形成的作品等进行评估。

二、财务管理专业课堂教学评价类型

（一）按评价的功能一般分为诊断性评价、形成性评价、终结性评价

（1）诊断性评价是指在开学之初，学年之初，教学开始时，为了了解学生在学习之前是否具有相关的学习能力和生活经验而进行的评价。其目的是了解发展状况和存在问题，以便为后续工作制订计划方案。

（2）形成性评价是为了对评价对象的发展状态做出判断而进行的评价。其目的是为了及时了解教学效果，以便及时强化教学内容，及时调节教学策略，使教学活动能在不断调控中得到完善，顺利达到预期目标。

（3）终结性评价是在教学活动某一阶段终结时，为总体状态和阶段成果做出判断而进行的评价。例如，在实际教学中每学期的期末考试，毕业会考和高考都属于终结性评价。

这三种评价具有相对独立性，同时又有一定的互补性。即仅在教学（实践）结束时进行终结性评价是不够的，还需要在教学开始时进行诊断性评价及教学过程中实施形成

性评价。

（二）按照参照标准不同分为相对评价、绝对评价和个体内差异评价

（1）相对评价是指在评价对象的集体中选择一个或若干个对象作为标准，然后将其余对象与该标准进行比较，或者用某种方法把所有评价对象排成先后顺序所进行的评价。这种评价有很好的鉴别功能，以分出优与劣或先进与后进，但不同集体评价结果缺乏可比性。每年的升学考试就属于这类评价。

相对评价应用面广，实用性强。它是使每个评价对象都能认清其与同一集体其他对象的差距，具有很强的竞争机制。但它的评价标准和评价体系没有一个客观的标准，评价结果并不能真实反映评价对象的真实水平。

（2）绝对评价是指以预先制定的目标为评价标准，每个评价对象同既定的标准对照比较，从而判断其达到标准程度的一种评价。学习过程中的单元测试和毕业会考就属于这类评价。

绝对评价的标准是依据特定目的所制定的。评价时，每个个体只与客观标准进行比较，而不互相比较。其特点是可以使评价对象了解其与评价标准的差距，激励其积极进取。但其客观标准的制定较难，很难做到完全客观公正和合理。

（3）个体内差异评价是对评价对象集体中的每个个体的过去和现在进行比较。例如，把一个学生的这节课的表现与上节课的表现进行比较，把一个学生期末考试成绩和期中考试成绩进行比较，以知其发展。个体内差异评价可以由学生自我评价也可以由教师或他人来评价。

（三）按评价方法分为定性评价和定量评价

（1）定性评价是使用描述性语言对评价对象教学活动的过程和成就的程度、状态等评价，主要反映"质"的特征。评价的等级有时用优、良、中、可、差等。

（2）定量评价采用定量计算的方法，以数量分析为依据的评价，主要反映对象"量"的特征，如优秀率、准确率、掌握程度等。

三、财务管理专业课堂教学评价标准

现代课堂教学（包括实践教学）的内容、形式、手段等都发生了很大的变化，尤其是教学观和教学质量都发生了重大的转变。随着社会的进步，经济的发展，对于财务管理人员的素质也提出了更高的要求，要培养高素质的学生，要做好教学评价以促进教学的改进，要确定做好教学评价标准。教学标准的确定需要考虑以下几个方面的内容。

（一）教学目标的正确性及教学内容的科学性和实践性

（1）看教学目标是否符合教学大纲的要求、教材内容、学生的实际情况以及当今

社会的需求。

（2）看本节课教学活动是否达到既定的目的。

（3）看教学内容处理是否恰当，科学性和思想性是否恰当统一。

（二）教学过程的合理性

（1）要看教学过程是否符合学生的认知规律。

（2）是否使知识的学习具有逻辑性、系统性。

（3）是否有利于财务管理能力的培养，各个阶段时间划分是否恰当。

（三）学生参与教学的状态

学生的参与状态是指学生是否主动、积极地参与教学过程、学习过程。具体的可以从以下几个方面来衡量和判断。

（1）学生参与的时间与广度。

（2）学生独立思考的情况和深度。

（3）学生参与高水平的认知活动的兴趣、热情，能否在探究、分析和解决问题中学习，课堂中师生互动、生生互动的局面和习惯是否养成。

（4）学生参与学习过程的知、情、意因素是否被充分地调动起来，是否被教学内容和教学过程所吸引。

（四）强调对学生的创造性的培养

这可以从两方面加以衡量，一是看教师是否有意识地将创造性思维教学的基本原则贯彻教学过程中；二是看学生回答问题中有没有独立思维和质疑精神与能力，归纳起来可以从以下角度加以衡量和诊断。

（1）教师提出多少开放性的问题，即有利于启发学生发散性思维的问题。

（2）对于开放性问题，学生能思考和提出多少答案，教师自身提供了几种利于"举一反三"的解决方案。

（3）学生解答问题有创意的人次有多少。

（4）学生主动提问和质疑的人次有多少。

（5）教学过程中有多少次利用头脑风暴法、组合创意法等用于集体自由讨论。

（6）教师在课堂教学中给学生创造了多少有创意的机会。

（五）现代教学设计的观念和技术运用的程度

传统教学评价讲究备课的深广度和娴熟度。现代教学评价则认为学生参与教学程度和学习效果，不仅取决于学生学习的主体意识和活动能力，还取决于教师的教学观念和现代教学设计运用，教师对学生学情（智能基础和情感、态度）的了解程度，教师对教学目标、内容、策略、过程的整体设计，教师对学生参与教学过程的知、情、意因素调动的程度，以及能否为学生提供主动参与的时间和空间等多种因素。现代教学评价应当突出以下几点。

（1）一节课或一次课的整体设计，要有系统的、整体的观念，使课堂教学的整体效果最佳。

（2）强调对学生学情的分析。学情是动态的，从纵向看，不同时间的学生情况有很大的变化；从横向看，不同地域、不同学校学生的学情，包括学风也各不相同，教师要特别注重对学生学情、学风的分析。教学评价关注这点，可以有针对性地开展教学。

（3）突出强调教学目标或学习目标设计，并明确传递给学生。目标是前进的灯塔，目标是激励学习动机的强有力因素。课堂教学要将教学目标贯彻教学过程的始终，以目标唤起学生的学习需要、兴趣和热情。

（4）注重教学过程和策略的设计。在成功学里，有一条重要的观念，即"细节决定成败"。教学过程和策略设计有很多细节需要特别关注。例如，过程考核（学习、学业的过程评价），如果运用得当，可以成为巨大的激励和力量，促进学生的积极参与意识。

四、财务管理专业课堂教学评价的具体操作步骤

教学评价是整个教学过程的一部分，或者说是伴随教学过程的一个过程。另外，教学评价又是一个独立于其他教学环节的特殊过程，它的具体操作步骤值得特别关注。教学评价的具体操作步骤大体上可以分为以下五个阶段。

（1）选定被评价对象——教学评价是针对一定时期教学中比较突出的问题而进行的，所以教学评价的第一步是根据教学评价的目标，选择最具有代表性的被评价对象进行教学评价。

（2）建立评价指标或指标体系——教学评价就是将教学目标与现时教学状态进行比较，而做出价值判断，那么用什么指标或指标体系作为判断的依据，是至关重要的，所以要建立科学、实用的评价指标或指标体系。

（3）收集评价资料——根据评价指标或指标体系，通过科学的、有效的、合法的方式、方法进行观察、调查、测量，有目的、有计划、及时、系统地收集评价资料。

（4）分析整理资料——对收集到的评价资料进行分析、加工、整理，通过定性的经验归纳和定量的统计推断，使之成为能反映被评价对象最基本、最本质特征的、综合的、简明的、有条理的资料信息，以获取全面、客观、公正的评价效果。

（5）评价结果的利用——教学评价不仅是要对教学过程的成效做出评价，更重要的是要利用评价的结果来反馈、调节和改进教学实践活动。

五、财务管理专业课堂教学评价的作用

教学评价在学习和教学过程中发挥着许多重要的作用，一般可以概括为以下几个方面。

（一）教学评价的结果为改进教学与检验教师提供依据

教师利用评价的结果可以明了课堂教学目标的实现程度、教学活动中使用的方式是

否有效、学生的接受程度和学习状况,从而随时调整自己的教学行为,反思和改善自己的教学计划与教学方法,不断提高教学水平。教学评价是以教学目标为依据的,如果评价后的学习结果与预期的教学目标相符,表明教师完成了教学任务,教师的教学方法是成功的。如果评价后学生的学习结果与预期的教学目标不相符,那么教师必须重新考虑教学目标的适当性及教学方法的有效性,考虑如何进一步改进教学。

(二)教学评价的结果为学生在学习上的进步情况提供反馈

教学评价,学生可以有机会了解自己学会了什么,学习的程度如何。教学评价作为对学生学习结果的反馈,可以进一步增强学生的学习动力。

(三)管理作用

教学评价反映着教师教学的质量和水平,可以为教学管理提供比较可靠的依据,也为学校的人事决策提供依据。另外,对学生学习结果的评价,可为学生学习的质量和水平提供证明,并成为选拔与淘汰、升留级、是否毕业等决策的依据。

(四)强化激励作用

科学的、合理的教学评价可以调动教师教学工作的积极性,激起学生学习的内部动因,使教师和学生都把注意力集中在教学任务的某些重要部分。对教师来说,适时的客观的教学评价,可以使教师明确教学工作中需努力的方面,对学生而言,适当的测验可以提高学生的积极性和学习效果。

(五)作为教育科学研究中的重要工具

评价作为教学研究与实践中的一种工具,用于查明在达到一整套教学目标时,可供选择的程序是否同样有效。此外,教材、教具的开发,课程设置和师资素质的调查,学生能力的研究,都离不开教学质量评价的帮助,教学评价已成为教育科学研究中的重要工具。

(六)利于实现教学过程的科学化,促进教学目标的实现

教学过程的科学化,即要遵循教学规律进行教学。定期对教学情况进行检查和评价,能够揭示哪些做法符合规律,哪些做法违背规律,教学是否达到预期目标,达到程度如何。这有利于调整教学过程,促进教学过程科学化。

(七)有利于端正教学思想,全面提高教学质量

教学评价是以教学目标为依据,对教学进行全面检查,并予以价值上的判断。它的目的不在于区分学生学业成绩的等级差别,而在于测评每个学生对教学目标的达到程度。除对学生的成绩进行判断外,还要评价学生的性格特点、行为习惯、身体素质等方面的情况,因而有利于社会、家庭、学校对教育价值的认识,克服目前存在的只重智育、片面追求升学率的价值观念,更好地对学生实施全面教育,促进学生全面发

展，提高教学质量。

六、财务管理专业课堂教学评价的发展趋势

从当前教学评价改革所显示的信息看，今后一段时间内教学评价发展可能会呈现出以下若干重要趋势和特征。

（一）评价模式的多样综合

迄今为止，实践中已经形成了多种教学评价方法和技术。不同的教学评价方法、技术，各有不同的优势和不足。为了保证教学评价的准确性和全面性，必须把各种不同的评价技术进行必要的综合、组合、改造和创新。事实上，当前的教学评价改革已注意到了评价模式的多样综合问题，如强调定性和定量结合、模糊与精确结合、日常观察和系统测验结合、他评与自评结合等。这种评价模式多样综合的特点在今后将更加明显。

（二）注重教学评价的教育性功能

在教学评价中，人们最初重视的是管理性功能。历史发展表明，过于关注管理性功能而忽视教育性功能的教学评价，往往给学生的身心发展带来消极影响。这样，在现代教学评价发展的过程中，教育性功能就逐渐受到了重视。它强调的是，教学评价作为教学活动的一个重要环节，应自觉地服务于教学宗旨，成为实现教学目的的促进性力量，促进学生身心全面发展。当前，教育性功能已逐渐突显出来，诊断性评价和形成性评价的出现和发展，是有力的论据。今后，这一方面的功能将得到进一步的加强。

（三）重视学生的评价能力的发展

在现代社会，人们面临着日益复杂的社会环境，只有具有良好的评价能力，才能合理地选择和行动。帮助学生发展评价能力，是现代社会对学校提出的重要要求。学生的评价能力需要通过评价活动才能发展。在整个学校教育活动体系中，教学评价是最基本的评价活动，是发展学生评价能力的基础性活动。教学评价的未来发展和改革，将突出通过评价培养学生评价能力的重要性。也就是说，要通过教学评价，使学生掌握有关评价的原理、标准和方法，给予学生评价自我和他人的机会，从而提高评价能力。

通过考察教学评价的历史发展和未来走向，得到的启示是：教学评价是不断发展和完善的，它的完善和发展，是科学性、教育性不断提高的过程，是辩证的多样综合的过程。

第二节　中等职业学校财务管理类专业教学评价指标

教学评价是根据一定的目的和标准，采取科学的态度和方法，对教育工作中的活动、

人员、管理和条件的状态与绩效进行质和量的价值判断。中等职业学校财务管理专业教学评价指标体系主要包括教师课堂教学评价指标和学生学习效果评价指标。

一、教师课堂教学评价指标

课堂教学是教师与学生共同活动的过程，既要看到教师主导作用的发挥，又要重视学生主体作用的体现。一节成功的课，应当是教与学、教法与学法、教师角色与学生角色等因素的和谐运动与高度统一。因此课堂教学评价不仅要考查教师的教学能力与水平，还应当注意课堂学习气氛、学生的参与意识以及学习积极性与主动性的调动、学习能力的提高、专业知识与技能的掌握程度等各方面因素。

（一）教学设计

教学设计蕴藏着教师对教材的认识和处理以及对学生学习方法的指导，体现着教师的教学艺术和教育智慧。教学设计的评价指标应主要考虑如下内容：教学总体安排的合理性；反映的教学思想和教学理念、教案设计的全面性与规范性；书写格式的规范性；是否符合常规教学的要求，如包含教学目标、教学重点、难点和关键点、教学方法和手段（媒体）、教学过程的流程、时间安排、板书设计等项内容；勾画出教学活动的整体安排。

（二）教学目标

教学目标是学科教学中更加明确的任务指标。研究教学目标的根本目的在于提高教学系统的有序性，使教学的各种因素按照同一运动方向发挥作用，从而实现教学目的。

目前教育目的多元化的格局已经形成（即除了传授知识技能外，还有培养能力、方法及过程、态度与价值观、开发智力以及发展个性等）。教学目标多元化可以从三个方面去理解。第一方面属于范畴即平面的分类，是认知的（基础知识包含其中）、动作技能的（基本技能包含其中）、科学价值观和情感的（世界观、爱国主义以及科学精神、态度、情感等包含其中）、智力开发和能力培养的教学目标。第二方面属于深度即立体的分类。这种分类对每一项目标要有深浅不同的要求。例如，一般把认知领域教学目标分成：知识、理解、应用、分析、综合和评价六个层次，层层加深，以便测验出学生达到的不同层次。第三方面属于抽象化到具体化的过程。传统教学目标表达较抽象，现在的教学目标更容易被教师和学生理解，在总的教学目标之后，有单元教学目标（二级目标）、课时教学目标（三级目标），还有针对个别学生的四级教学目标。

评价课堂教学目标的指标应考虑到教学目标的多元性、实用性、针对性，还要考虑对学生的可知性。

（三）教学内容

教学内容是指本节课中传递给学生的有关知识信息、技能技巧、研究具体问题的思维方法等，它是教师经过了对教材内容的加工和处理，并考虑到学生原有的认知结构，试图将所策划的内容以学生所能接受的形式，转化为学生的认知结构中。

评价课堂教学内容的指标，应考虑能否把握学科知识体系和对教材加工与处理的技巧、教学内容的科学性与思想性、系统性与完整性、全面性与突出重点、理论性和实践性、知识与能力的关系处理等。

（四）教学结构

要优化教学过程，就要研究课堂教学的各个环节及组合方式、所占时间比例，还要研究教学的各个要素，如教师、学生、教材、教学方法和教学手段在各个环节所起的作用。此外还要考虑怎样发挥其最佳功能，使教学的各个环节，各种要素变成相互联系、统一的有机整体。

评价课堂教学结构指标应考虑：整体结构严密性、节奏感、松弛度，各个环节的充实性、完整性，环节交替的有序性和逻辑性，评价方法的真实性，反馈信息及时性，课堂调控的计划性、灵活性和有效性，教学反馈的多源性、真实性等内容。

（五）教学方法

课堂教学过程中，教师能否从教材和实际出发，根据教学体系的内在规律和随外部条件而变化的课堂情境，有针对性地选择、设计、组合和运用教学方法，是一堂课成功的关键。

课堂上常常是许多教学方法手段的有机组合和综合运用，它带有很大的灵活性、机变性和创造性。不同的方法可以为实现同一教学内容和目标服务，同一方法也可以为实现不同教学内容和目标服务，关键在于教师自己能否根据自身特点和教学情境进行恰当选择和灵活运用。

评价教学方法的指标应着重考虑：选择教学方法合理性、针对性，多种教学手段综合运用的科学性和有效性，师生教学双边活动的运转程度。

（六）教学艺术

课堂教学是一门科学，也是一门艺术，是科学与艺术的统一。课堂教学艺术主要体现在语言艺术、组织艺术和创设良好气氛的艺术。教师所采取和运用的一系列措施、手段、技能和技巧，实施有效调控，这就体现出教师组织教学的艺术。教学组织艺术是实现课堂教学最佳控制的保证，直接影响到课堂教学效果。

在教学艺术评价方面，应考虑教师口头语言的科学性、逻辑性、形象性、通俗性、和谐性，教师的感情、目光、手势、衣着搭配的恰当性，以及板书的结构、布局、调控、条理、色彩、字体的合理性。在课堂组织艺术方面应考虑课堂教学是否符合常规，教学结构、教学秩序是否合理，对偶发事件处理得当与否等。在课堂气氛艺术方面应考虑能否充分调节学生的注意力、充分调动学生的积极性、积极开展学生思维能否使教师指挥与学生活动协调一致等。

二、学生学习效果评价指标

（一）课堂参与度

学生能依据教学目标和教学内容，在教师的引导下，主动、生动、活泼地参与到学习过程中，一定程度地显现学习个性和创新性。

1. 体现主动性

（1）学生通过恰当的学习方式（独立学习、集体讨论、小组活动、动手操作等），在多种感官协调作用下主动参与知识的获得过程。

（2）学生通过有效的活动模式（问题探讨、课题设计、实验操作、模拟体验、社会调查等），主动探索、感受和理解知识的产生和发展过程。

（3）学生能运用科学的学习方法（类比、归纳、分析、综合、概括等）自主整理知识，并获得分析问题和解决问题的方法。

（4）学生能广泛而有效、深入地参与教学活动，参与的人数多并覆盖不同层次的学生，参与研讨的问题目标指向明确，并有一定的深度。

2. 闪现个性

（1）学生闪现出自己独特的学生风格和学习策略，并尝试在学习实践中发展自己的学习个性。

（2）学生在思维上闪现出灵活性和开放性，能表达出不拘泥于常规的思路和方法。

（3）学生注意尝试多向思维，敢于发表与众不同的见解，敢于坚持自己的观点。

3. 凸现创新性

（1）学生善于独立思考，勇于质疑问难，积极投身于问题解决的尝试和探索行为之中。

（2）学生能综合运用所学知识和方法，创造性地解决问题。

（3）学生能对学习和创新行为进行自我评价和自我调控。

（二）教学互动程度

在教学过程中能体现出平等和谐的师生关系和民主、合作的学习方式。

1. 情感沟通

课堂气氛活跃、民主、和谐，教师教态亲切自然，善于用激励性的语言鼓励学生，学生积极合作，主动参与活动，学得轻松愉快。

2. 问题交流

学生思维活跃，敢于发表自己的意见，教师能尊重学生的观点，鼓励学生求新求异，并能接受与自己不同的正确意见，教师与学生以及学生与学生之间进行平等、多向的思维交流。

（三）知能目标的达成度

多数学生都能理解和应用当堂所学的知识，学生在课堂上的练习、研讨和回答问题正确率高，学生基本能力的提高达到预期目标。

（四）综合发展的促进度

不同层次的学生在知识、能力、情感意志、道德品质等方面都有所提高和发展。

（五）可持续发展的递进度

学生显现出浓厚的学习兴趣，进一步掌握一定的学习方法，增强了自主学习主动性和良好的学习习惯。

（六）专业基础知识和专业技能的掌握度

1. 专业基础知识评价的指标体系

建立一个与所学专业（工种）紧密联系的评价指标体系，将专业基础知识评价的内容，以不同的指标和评价标准体现出来，并根据各指标的重要性程度，赋予一定的权重，规定一定的分值，形成一个指标体系，为评价的实施提供良好的基础。

2. 专业技能评价的指标体系

专业技能的评价指标目前有三种方式，一是制定专业技能训练目标，根据专业的培养目标、教学计划和主要课程设置，建立起学生技能训练的整体框架，确立本专业学生在技能训练中应达成的目标；二是确立实习达成目标，即在校内实习场所或校外生产、服务现场从事模拟或实际的工作，以获得有关的实际知识和技能，养成独立工作的能力；三是在学生即将完成学业时，对其掌握的专业技能做一个综合性的测试，这就需要建立一个与所从事专业紧密联系的评价指标体系，将专业技能评价的内容，以不同的指标和评价标准体现出来，并根据各指标的重要性程度，赋予一定的权重，规定一定的分值，形成一个指标体系，为评价的实施提供良好的基础。

三、专业教学监控体系

建立科学完善的教学监控体系，是保障教学评价体系得到落实的重要措施，也是保障教学考核数据真实有效的主要手段。因此，在构建教学评价体系的同时，还要建立可行可靠的教学监控机制。监控机制应形成学校制度，采用行政手段落实。

（一）听课制度

听课制度主要是由学校领导、教学管理部门及教研组长组成听课小组，进行听课、评课等活动。通过建立"课堂教学工作评价指标"，确定教案准备、学生交流、教学重点、兴趣培养和教学手段等评价项目和具体评分登记，并在学校每年至少一次的课堂教学比赛中，将评价结果作为重要评判标准。

（二）督导制度

一般由学校选调经验丰富的教师（主要是离退休领导和老教师）组成教学质量督导组，对主管教学副校长负责，以抽查听课形式，检查教师教学质量。督导制度具有专家指导监督的性质，专业对口专家和教学管理专业人员的结合是督导队伍的基本特征。督导员的专业权威和管理权责，以及客观中立的地位，对教学质量往往能有比较中肯切实的评价和行之有效的措施，因此在对教学质量监控的过程中，其地位是较为特殊的。

（三）教学检查制度

由教务部门组织实施，一是对各教学部门执行教学文件、落实学校规章制度情况进行检查。二是由教务处提出教学检查意见，对教师阶段教学工作各环节情况进行检查。检查一般在月底进行，检查结束后，写出书面总结，交教务处备案。三是课堂教学检查。采用教务处定期抽查和值日领导与教师随机抽查相结合，主要检查教师平时教学到位和教学的组织情况，并及时登记。

（四）学生评教制度

由教务处、学生处组织实施，采用问卷调查、学生座谈会、给教师打分等方式，让学生对教师的教学态度、业务水平、教学方法、教育手段、育人方法、教学效果等进行评价。这一制度体现了以人为本、为学生服务的思想，让学生从被动的质量制定对象转变为主动的评价者。在评价中反映学生的学习需求和对教学的满意程度，使评价更为客观，也能借以提高学生学习的自觉性和主动性。

（五）其他质量评价

其他质量评价包括根据上级教学总体建设规划及学校工作实际开展的重点专业建设、课程建设阶段检查等质量评价工作，这一类评价通常采用实践（实习、实训）教学内容、学生作业抽查等方式进行。

总之，建立一套科学合理的教师教学及学生学业评价体系，对于中等职业学校财务管理类专业提高教育教学质量、推进教学改革意义重大，同时财务管理类教师的教学评价和学生的学业评价是一项较为复杂的系统性工作，学校应从组织领导、规章制度、监控督导等方面提供有力的保障，从而推进教师教学评价及学生学业评价工作的顺利进行。

表8-1、表8-2、表8-3分别列示了专业教学质量、课程总体及单门课程考核的指标与内容。

第八章　中等职业学校财务管理类专业教学评价

表 8-1　中等职业学校财务管理类专业教学质量评分细则

序号	一级指标	二级指标	权重	评价要求	评价方法	评分自评	评分复评
1	学制 3分	在校学习、顶岗实习时间	3分	三年制学校的学生在校学习时间不少于2年，符合要求记3分。在校学习时间每少1个月扣1分。（试行"学分制""工学结合"的另行评价）	查教学计划及完成情况、课程表、班级日志		
2	教学计划 4分	教学计划、教学大纲	2分	制订和实施符合规定的教学计划，各门课程制定和实施符合规定的教学大纲，记2分。少一项扣0，5分	查教学计划、大纲，查课程表，查实习实训记录、报告(总结)		
		实习实训、顶岗实习计划	2分	制订和实施符合规定的实习实训计划和顶岗实习计划，记2分。少一项扣0，5分			
3	教学管理 10分	教学管理制度的制定和实施	2分	建立健全教学常规管理制度，执行严格，管理精细，记录完整，符合要求记2分。出现一次问题扣0，5分	查教学管理制度、工作记录，查备课笔记、作业、试卷等		
		实习实训管理	4分	实习实训管理制度齐全，实习实训记录规范、完整，符合要求记4分。每少1百分点扣0，1分	查实习实训制度、记录、报告等		
		教学督导和评价	4分	有完整的教学督导和评价制度，开展常规教学检查、学生满意度测评、评教评学等活动，合理使用评价结果，符合要求记4分，少一项扣1分	查督导评价制度，查原始记录，个别走访师生		
4	校内外实训实习 10分	校内实训设施设备	2分	有相应的实训设施设备，满足需要达90%，学生满意度达90%，记5分。缺1百分点扣0，1分	查固定资产账目，查设施设备清单，召开学生座谈会		
		校外实习基地	2分	有相对稳定的（两年以上）校外实习基地，符合要求记5分。每少一个扣0，5分	查校企合作协议，现场查看		
5	课程建设 12分	课程设置	5分	专业课程设置符合国家、省、市要求，并与行业企业、职业资格（等级）证书标准相衔接，实施"双证书"教育，记5分	查教学计划、课程表，查教师教案、教材抽查1~2个班级学生教材、辅助资料		
		实践技能教学	5分	实践性教学内容占50%以上，记5分			
		教材建设	2分	从正规渠道征订，使用经国家、省、市审定的正版教材、教学辅助资料，记2分			
6	教师队伍建设 6分	"双师型"教师	3分	学校具有一支符合教学需要的结构合理的专兼职教师队伍，"双师型"教师达50%以上，记3分。少1百分点扣0、1分	查教师花名册及相关证书		
		教师培养培训	3分	学校制订并实施教师培养培训计划，专业课教师每两年到企业实践时间达两个月以上，记3分	查培养培训计划和专项经费，查到企业实践记录、工作总结等		
7	教研科研工作 10分	教研机构、活动、经费	3分	有教研机构（教研室、教研组），有活动计划并实施，有专项经费，记3分，缺一项扣1分	查教研活动计划、记录、经费查课题立项文件、工作方案、结题报告等，查活动通知、方案		
		教科研课题研究	3分	有国家、省、市教育科研课题，有阶段性研究成果（或结题报告），记2分。开展校本教科研课题研究，记1分			
		教科研论文	2分	按要求参加省、市教育部门组织的论文评选活动，记2分			
		教师教学竞赛	2分	按要求参加省、市教育部门组织的教师教学竞赛活动，记2分			
8	德育工作 9分	德育工作和校风校纪	3分	学校重视德育工作和德育课教学，并制订和实施德育工作计划和工作制度，德育教师队伍健全，学生管理规范，校园文化建设好，校风校纪好，记3分	查德育工作计划、制度、记录，查看校园，查活动方案、图片，走访周边地区单位、群众		
		德育活动	3分	德育活动内容丰富多彩，有利于促进学生身心健康成长，记3分			
		学生行为	3分	学生具有良好的思想道德品质，行为规范好，记3分			

续表

序号	一级指标	二级指标	权重	评价要求	评价方法	评分
9	学生综合素养 20分	文化素质	3分	对口高考本科升学率达48%（校内考试及格率达95%以上），记3分。低1百分点扣0分、1分	查统测统计表、记分表，查看现场，查学生健康档案、查课程表，看学生演练等	
		心理健康水平	2分	重视心理健康教育，开设课程，有咨询室，有专任教师，工作有成效，学生无重大心理障碍，记2分		
		身体健康水平	3分	早操、课间操（大课间）、眼保健操活动正常规范，学生体质达标95%以上，记3分		
		计算机操作能力	2分	学生能熟练操作计算机，并能运用到学习中的学生达95%以上，记2分。低1百分点扣0分、1分		
		专业知识与技能	3分	专业课及格率达95%以上，专业技能检测通过率达90%以上，记3分。低1百分点扣0分、1分	查考试卷、统计表，查竞赛活动方案，查职业资格（等级）证书及报批表	
		学生技能竞赛	3分	按要求参加国家、省、市教育部门组织的学生竞赛活动，记3分		
		职业资格（等级）证书	4分	毕业生取得会计从业资格资格证书达70%以上记4分。低1百分点扣0分、1分		
10	毕业生就业 12分	对口就业率和稳定率	5分	对口就业率达80%以上，记2分。就业稳定率（两年）达50%以上，记3分。企业满意率达80%以上，记2分。低1百分点扣0分、1分	查工作计划、教学安排、教案、就业登记表，查跟踪调查报告、档案，召开学生代表、企业负责人座谈会	
		毕业生就业质量	4分	毕业生对用人单位待遇、环境满意度达90%以上，记4分。低1百分点扣0分、1分		
		毕业生跟踪服务	3分	建立毕业生跟踪服务制度，工作开展正常有效，资料齐全，记3分		

表8-2 财务管理类专业课程总体考核及评价指标体系

考核方式						
过程性考核					终结性考核
一日双考（晨考、晚考）	课堂分组竞赛	作业考试化	专题模块检测（双基检测、拔高检测、易错易混检测）	模拟考试（月考、期中、期末）	对口高考
每日早晨7：20~7：30由科代表组织全体学生晨考，内容由教师提前指定，通常为前一日所讲授主要内容。由组长批阅（组长由老师批阅）。凡不能得满分者由各学习小组组长利用晚上6：40~6：50组织晚考，组长批阅并于次日将晚考结果报任课教师	由教师根据班级情况分成实力相对均衡的八个小组，每次每组各选派一个代表进行讲解或表演，由教师及全体同学评判	以考代练，限时完成。财会各班每周至少两次利用下午第八节课统一进行作业考试。作业成绩分A、B、C三档，连续两次为C者，任课教师约谈，并找出应对措施	1. 双基检测：面向全体的普及性考试。注重考核本模块的基础知识和基本技能。要求本科班过关率100%，普通班过关率90% 2. 拔高检测：面向年级前n名的选拔性考试。注重考核对问题的分析、理解和综合运用能力。要求40%优秀，75%合格 3. 易错易混检测：面向全体的纠错性考试，旨在查漏补缺。要求本科班过关率为100%，普通班过关率为80%	试题考核标准： 1. 考试时间为90分钟 2. 试题难易比例。试题按难度分为较容易题、中等难度题、较难题。三种试题分值比例为6:3:1 3. 分数共100分。 班级成绩评价标准： 本科班优秀率40%、及格率90%，普通班优秀率15%、及格率70%	1. 试卷结构 考试重点为对会计核算方法及其规范的掌握情况，以及企业基本会计业务处理能力，分别占总分的80%和20%左右 2. 分值：150分 3. 考试时间：120分钟 4. 班级成绩评价标准： 本科班优秀率30%、及格率80%，普通班优秀率10%、及格率60%

续表

备注	1. 自评。建立"学生自主学习与反思记录表"可包括以下内容：我最高效的一次听课，我最满意的一次作业，我最精彩的一次课堂展示等 2. 互评。开展"合作探究之你、我、他"活动，让大家分别讲述自己在每一次与老师、同学合作探究过程中的困惑、思辨、进步、成长甚至趣闻等

表8-3　财务管理类专业基础课程之"财务会计"专业基础知识评价指标体系

评价	权重	评价指标				满分	评价得分
		优秀（1.0） 完全达标	良好（0.8） 基本达标	合格（0.6） 大部分达标	不合格（0.2） 大部分不达标		
货币资金	0.08	1个坐支的概念，货币资金的3个组成部分，其他货币资金的6个内容，银行转账的8个结算方式				4分	
		1个调节表，2个日记账，3组分录，12张原始凭证				4分	
应收及预付款项	0.10	1个计提坏账准备的公式，2个入账价值的确定，4个应收及预付的概念				4分	
		1个其他应收款明细账，5组应收预付及坏账的会计分录				6分	
存货	0.45	2种盘存制度，3个概念，4个计价方法，8个计价公式				15分	
		收料单、收料凭证汇总表、各种发料单（含领料单、限额领料单）、发料凭证汇总表的编制，外购原材料购入、发出的会计处理，原材料明细账的登记				30分	
固定资产	0.07	1个初始计量标准，2个与固定资产相关的概念，2个计折旧的时空范围，4个折旧计算方法，4组折旧公式				2分	
		1个折旧计算表，4个折旧计算方法的运用，8组与固定资产相关的会计分录				5分	
负债	0.05	理解短期借款、应付账款、应付票据、预收账款、其他应付款的概念				1分	
		短期借款与流动负债的区别				1分	
		短期借款取得、计息、付息和归还的账务处理				2分	
收入、费用、利润	0.10	1. 销售收入确认、收取货款账务处理 2. 让渡无形资产使用权取得的使用费收入的账务处理				3分	
		1. 成本与费用的区别 2. 期间费用的核算（销售费用、管理费用、财务费用）				3分	
		1. 营业利润、利润总额和净利润的计算 2. 所得税的账务处理 3. 净利润结转和利润分配的账务处理				4分	
所有者权益	0.05	盈余公积的计提、弥补亏损、转增资本和发放股利的账务处理				3分	
		年终净利润结转及分配的账务处理				2分	
会计报表	0.10	资产负债表的编制依据和编制方法				7分	
		利润表的编制依据和编制方法				3分	
评价结论						总分	

第三节　中等职业学校财务管理类专业教学评价方法

教学评价方法分为量化评价方法和质性评价方法。量化评价方法是一种力图把复杂的教育现象简化为数量，进而从数量的分析与比较中推断评价对象的成效的方法。它有着明显的优势。首先，量化评价的设计是预先确定的，易于控制和操作；其次，量化的结果便于教学处理，有助于提高评价的准确性；再次，量化的指标往往是客观化的指标，因而有助于提高评价的客观性；最后，量化评价还有助于对评价对象做出明确的等级区分，如对学生的学业成绩评价。但时至今日，这种评价方式也显示出一定的缺陷：①量化教学评价忽略了教学计划中那些不可测量的重要方面，忽略了人类经验的不可测量性；②量化教学评价往往以预定目标为评价标准，因此，它排斥对给定教育计划的持续性再开发，这就不可避免地造成教学评价者和教学开发者的利益冲突；③量化教学评价倾向于重视行政管理人员和研究者的利益，而忽略教师在工作中所遇到的实际问题；④由于量化教学评价支持有意识、有组织的结果，它就必然忽视非计划性结果；⑤量化教学评价信奉一元化评价标准，而在实际的教学活动中对教学目标达成完全一致是不可能的，因为量化教学评价忽视了价值的多元性。

质性评价方法是一种力图通过自然的调查，全面充分地揭示和描述评价对象的各种特质，以彰显其中的意义，促进理解的方法。这种评价的方法源于解释主义哲学，并受到艺术、人文学科和社会理论的影响而产生。它认为主体和客体是互为主体、相互渗透的，知识是主体不断通过建构和经验形成的。不存在带有普遍意义的、脱离具体情境的抽象知识，因而不能用对或错对知识加以判断，而必须依据它在具体情境中发挥的作用。因此，对许多问题的了解与掌握只能通过描述性、解释性的语言来实现。质性评价的实质就是要对与教学和教学相关的行为及其原因和意义做出判断。其目的是在于把握教学与教学质的规定性，即通过对教学和教学相关的行为广泛细致地分析，深入了解，进而从参与者的角度描述教学和教学相关的行为的价值与特点。

我国《国家中长期教育改革和发展规划纲要（2010—2020年）》中指出，"职业教育要面向人人、面向社会，着力培养学生的职业道德、职业技能和就业创业能力。到2020年，形成适应经济发展方式转变和产业结构调整要求、体现终身教育理念、中等和高等职业教育协调发展的现代职业教育体系，满足人民群众接受职业教育的需求，满足经济社会对高素质劳动者和技能型人才的需要"。教学评价应促进学生全面发展，不但要评价学生的职业能力，还要评价其通用能力（或称关键能力）和基本素质（包括政治素质、身心素质、职业道德、法律意识、人文素质）；教学评价应指导学生明确职业目标，对自己的职业生涯规划有清醒的认知，能够通过教学评价使学生发现自身的优点，克服缺点，为实现自身奋斗目标不懈努力；教学评价标准要与职业标准相对接，要以职业标准来评价学生，保证学生毕业后能够零距离上岗就业。

对中等职业学校财务管理专业的学生职业能力的评价，特别是对于态度的评价等，很难像知识掌握程度那样用数量去评价。因此在职业教育教学评价中，应重视质性评价，将量与质方法结合起来，全面地反映职业教学现象和教学现象的真实情况。教学评价应紧跟时代发展，为培养合格高素质的劳动者和技能型人才服务，与行业职业规范相匹配，与本地区的经济发展相适应，与时俱进。

本 章 小 结

本章内容要求掌握中等职业学校财务管理类专业教学评价的标准与内容；要熟悉中等职业学校财务管理类专业教学评价指标体系的内容；要掌握中等职业学校财务管理类专业教学评价方法并能在实际工作中灵活运用。

思考题

请结合贵校财务管理专业教学实际情况与学生情况，设计相对完善的教学评价体系并实施。

参 考 文 献

邓泽民. 2011. 职业教育教学论. 北京：中国铁道出版社.
段琳. 2011. 会计教学论. 北京：中国财政经济出版社.
黄艳芳. 2010. 职业教育课程与教学论. 北京：北京师范大学出版社.
加涅 R M，韦杰 W W，戈勒斯 K C，等. 2007. 教学设计原理. 王小明，庞维国，陈保华，等译. 上海：华东师范大学出版社.
教育部. 2013. 中等职业学校教师专业标准（试行）.
孔祥华. 2010. 国家示范性高等职业院校内涵建设的研究与实践. 北京：中国建筑工业出版社.
李雄杰. 2011. 职业教育理实一体化课程研究. 北京：北京师范大学出版社.
刘本固. 1988. 教育评价学概论. 长春：东北师范大学出版社.
柳燕君. 2014. 现代职业教育教学模式：职业教育行动导向教学模式研究与实践. 北京：机械工业出版社.
孟庆国. 2009. 现代职业教育教学论. 北京：北京师范大学出版社.
乔伊斯 B，韦尔 M，卡尔霍恩 E. 2014. 教学模式. 第八版. 兰英译. 北京：中国人民大学出版社.
上海信息技术学校. 2010. 职业教育教学方法研究与实践. 北京：化学工业出版社.
王觉，窦洪波. 2011. 会计专业教学法. 北京：中国财政经济出版社.
肖学平. 2012. 导学课堂教学模式. 北京：北京师范大学出版社.
许明. 2013. 当代国外大学本科教学模式的改革与创新. 福州：福建教育出版社.
严中华. 2009. 职业教育课程开发与实施. 北京：清华大学出版社.
张海珠. 2013. 教学设计. 北京：北京师范大学出版社.
张旭. 2014. 我国企业财务文化研究. 山西财经大学硕士学位论文.
张学英，韩艳华. 2009. 工程财务管理. 北京：北京大学出版社.
郑金洲. 2006. 教学方法应用指导. 上海：华东师范大学出版社.
钟启华，张华. 2012. 课程与教学论. 沈阳：辽宁大学出版社.
朱德全，张家琼. 2010. 职业教育课程与教学论. 重庆：西南师范大学出版社.